高校体育教学与体能训练实践研究

战新军◎著

文化发展出版社
Cultural Development Press
·北京·

图书在版编目（CIP）数据

高校体育教学与体能训练实践研究 / 战新军著．—北京：文化发展出版社，2023.12
ISBN 978-7-5142-4267-6

Ⅰ．①高… Ⅱ．①战… Ⅲ．①体育教学－教学研究－高等学校②体能－身体训练－教学研究－高等学校 Ⅳ．①G807.4 ②G808.14

中国国家版本馆 CIP 数据核字 (2024) 第 024849 号

高校体育教学与体能训练实践研究

战新军　著

出 版 人：宋　娜
责任编辑：任秀颖　　　　责任校对：侯　娜
责任印制：杨　骏　　　　封面设计：张秋艳
出版发行：文化发展出版社（北京市翠微路 2 号　邮编：100036）
网　　址：www.wenhuafazhan.com
经　　销：全国新华书店
印　　刷：天津和萱印刷有限公司

开　　本：710mm × 1000mm　1/16
字　　数：200 千字
印　　张：11
版　　次：2024 年 9 月第 1 版
印　　次：2024 年 9 月第 1 次印刷

定　　价：72.00 元
I S B N：978-7-5142-4267-6

◆ 如有印装质量问题，请电话联系：010-58484999

前 言

体育教学历史悠久，古已有之。当前，随着我国体育教学在教育领域中的地位不断提高，一些新的教育理念和教育思想日益被运用到体育教育中，但是从整体来看，我国体育教学还不够完善，在完善体育教学过程、调动师生教与学的积极性、科学配置体育教学资源方面还存在一些不足，制约了体育教学的可持续发展。随着人类社会的发展，体育教学经历了一个不断充实、完善的过程。在其发展的过程中，现代体育教学逐渐发展成科学的教学、全面的教学，培养德、智、体、美全面发展人才的教学。如今体育教学越来越受到人们的重视，在社会中发挥着越来越重要的作用。各国先后对体育教学的内容、教材和方法展开了探索与改革。在体育教学中，体能训练是一项对人体非常有益的运动方式，体能素质涉及人体的力量、速度、耐力、柔韧、灵敏等素质能力，人们经常参与体能训练，就能参与各项体育活动。在我国高校体育运动中，大学生的体能发展水平是判断大学生竞技能力高低的重要指标。大量实践证明，科学化的体能训练对提高大学生的生理素质、心理素质和健康水平有积极的作用，同时，它还能增强大学生的运动能力。

本书共六章。第一章为高校体育教学概述，包括高校体育教学理念、高校体育教学目标、高校体育教学原则。第二章为高校体育教学系统，从教学内容、教学方法、教学模式上对高校体育教学进行了阐述。第三章为体育体能训练的理论基础，从生理学、心理学和营养学的角度着手，对体能训练进行了具体的阐述。第四章为体能训练的实施过程，从体能训练的原则与要求、体能训练计划的制定与实施两个方面进行了论述。第五章为高校体育运动体能训练方法实践，包括力量素质体能训练、速度素质体能训练、耐力素质体能训练、柔韧素质体能训练，为高校大学生的体能训练提供了理论基础和科学的训练方法。第六章为高校体育运动项目训练实例，选取了两项比较受高校学生欢迎的专项运动实例——排球和游泳，并具体介绍了其体能训练的详细方法。

在撰写本书的过程中，作者参考了大量的文献，得到了许多专家的帮助，在此表示真诚的感谢。本书内容系统全面，论述条理清晰、深入浅出，但由于作者水平有限，书中难免有疏漏之处，希望广大同行及时指正。

战新军

2023 年 6 月

目　录

第一章　高校体育教学概述

体育课程与教学论是研究体育课程与教学的现象和问题，揭示体育规律，集体育学、教学论、课程论、教育心理学、科学方法论等学科于一体的一门学科。学好体育课程与教学论，对工作在第一线的体育教师来说，具有重要的意义。本章从高校体育教学理念、教学目标和教学原则三个方面进行阐述。

第一节　高校体育教学理念

一、“以人为本”教学理念

（一）“以人为本”的理论基础

“以人为本”教学理念是在现代人本主义教育思想的基础上发展起来的。

从社会发展中人的主体地位的体现到教育领域中对作为学习者、施教者的教学活动参与主体的“人”的重视，“以人为本”思想在包括教育在内的各个领域得到重视。教育教学中的“以人为本”教学理念旨在将教学活动参与者从传统教学中的非人性化的状态中解脱出来，恢复人的教学主体地位，强调了“人”的重要性。在教学中，该理论关注教师和学生的身体和心理健康。“人本主义”理论具有以下几个基本观点：学习者是学习的主体，应受到尊重；学习是丰富人性的过程，根本目的是人的“自我实现”。强调教育应促进教学参与者（尤其是学生）人格的完整，促进人的认知与情感的丰富、提高；人际关系是最有效的学习条件；“意义学习”是最有效的学习。[①]

（二）“以人为本”的教学观点

“以人为本”肯定了人在教育中的重要作用，在教育教学实践的广泛应用过程中，体育教育研究人员逐渐总结出了以下几个观点：

---

① 王利绒．现代教育技术发展与应用研究[M]．长春：吉林人民出版社，2020．

1.教育的目的是促进师生自我实现

首先，在体育教学中，学生的自我实现是要促进学生的身体、心理、智能、社会性等全方位的自我发展，让每一个学生都能在体育学习后有所进步。体育具有多元教育价值，通过体育教学能促进学生的各种素质的综合发展。在“以人为本”的基础性理论人本理论的支持下，体育教育强调了在体育教学中不仅要重视健康知识和运动技能的学习，还要通过科学的体育教学环境创设和教学过程安排来促进学生的心理、情感、智慧、社会性发展，使学生情感和智力有机结合。教育学家卡尔·罗杰斯认为，体育教育的一个重要教学任务就是在体育教学中促进学生的认知与情感的共同进步与发展，通过体育教学，发掘和发挥每一个学生的学习潜能，培养学生在各个方面的创造性，最终所培养出来的学生应具有创新、创造意识与能力，这样的人才才是社会真正所需要的人才。[①] 其次，在体育教学中，教师的自我实现最基本的就是能创造性地完成体育教学任务，在教学中实现作为教师的这一角色的价值，通过体育教学培养出满足社会发展需求的合格人才，促进学生的发展与进步。同时，在体育教学中，教师可以通过对体育教学的科学设计和开展各种丰富多彩的体育教学活动来提高自己的教学能力、组织能力、社交能力、科研能力、创造力等，促进自我综合教学能力和体育素养的不断提高，实现自我职业生涯的不断发展，并能在日常工作和生活中身体力行地从事体育健身锻炼，不断提高自身的身体健康水平，并能对学生和周围的人形成一种潜移默化的影响。

2.课程安排应尊重学生的自由发展

在人本教育理念产生之前，传统的教育侧重社会价值和工具价值，人本位的思想和观念使得人们认识到传统工具化教育是对其本质属性的违背，认识到人才是教育的出发点，人本教育将教育的重点落实到人身上，关注人的健康成长。体育教学面对的教学对象是人，每一个人都与其他人存在个体差异，教育不是为了“批量生产人才”，而是促进每一个人在健康全面发展的基础上的个性化发展，因此，体育教学应在统一要求的基础上做到因材施教，教师必须尽可能实现多种多样、侧重点不同的教学课程设计，使每一个学生都能在体育教学中有所进步与成长，通过科学体育教学活动引导学生健康成长。

3.教学方法选用应重视学生情感体验

人本主义教学理论强调“以人为本”，主张教学以学生为中心，实现其个性

① 李建春．基于素质教育视角的高校体育教学改革与发展探索[M]．北京：中国书籍出版社，2021．

化发展，而学生的这种发展都是从学习经验中体悟和实现的，因此，这就要求体育教学应重视科学化体育教学方法的选择，激发学生的体育学习兴趣，为学生创造良好的学习体验。在弘扬人的个性，强调以人为中心，尊重人的情感体验的现代体育教学中，体育教师应全面了解学生、充分尊重学生、真正理解和信任学生，只有这样，教师“高高在上”的形象才能被打破，师生之间的关系才能彻底改变，有助于教师与学生构建和谐的师生关系。而良好的师生关系的建立对于体育教学活动的顺利开展具有非常重要的意义。可以说，学生对体育学习的态度、个人爱好、获得学分、来自教师的个人魅力等因素都会对体育教学活动产生重要影响。此外，师生的和谐关系建立也有助于师生在教学活动中能够更好地配合，从而提高体育教学的质量。

（三）高校体育教学对“以人为本”的应用

1. 重新定位体育教育价值

传统体育教学在“育人”的认识上存在不少误区。长期以来，人们总是在理解体育科学化的基础上采用生物学的观点来对学校体育的价值做出判断，并且过多地关注学校体育“增强体质”的功能。此外，一些教师在对体育运动的本质理解上存在一定的认知偏差，以足球运动教学为例，我国体育教材普遍将足球运动确定为以脚支配球为主，两个队在同一场地内进行攻守活动的体育运动项目，针对此概念，有教师认为，“球”是活动争夺的目标，自然应该处于主体地位，因此也就忽视了“球”要受制于人，“人”才是整个体育活动中的活动主体。

在经济全球化的发展背景下，各种思想文化在不断的发展和融合，教育思想也呈现出这一发展趋势，人本理论和“以人为本”教育理念的提出体现了当代社会对人的发展的重视。在体育教学领域，当前的高校体育更加强调人性的回归，高校体育的根本出发点和落脚点应是“育人”。

现代高校体育教学中，“以人为本”教学理念是符合当前时代的发展要求的。当前社会，人的发展在社会的各个领域受到了重视，即使是在智能时代，很多机器生产代替了人工生产，但是发明机器、操控机器的还是人，人在社会的发展中是起到关键作用的，任何时候都不能忽视人的作用。

人本主义教学理念与思想指导下的体育教学，要求教师在体育教学活动开展过程中关注作为教学对象的学生这一因素。教师的教学活动开展需要学生的参与、配合，如果没有学生的参与，教学活动就没有开展的意义了。必须说明的是，教师也是教学活动中非常重要的参与一方，也是应该受到关注的人。体育教师在教学活动中所发挥的作用也不容忽视。现阶段，我国的体育教学思想呈现出多元化的发展趋势，诸多教学思想都围绕“人”的教育展开论述，都讨论了体育教学中如何更好地促进和实现“人”的发展。

2. 体育教学目标的重构

在我国，传统的学校体育教学目标为增强学生体质、使学生掌握“三基”和德育，体育教学过于功利化，过于追求竞技成绩和金牌数量，这些都不利于学生的健康发展，不利于学生的健康可持续发展，也不利于整个教学的可持续发展。

随着体育教学的不断发展，科学化的教学理论、教学理念给了体育教师更多的教育启发与指导，体育教学的育人作用被不断丰富和发展，多元化的学校体育价值体系对体育教学目标重构提出了要求。

新时期，“以人为本”教育理念在学校不同学科的教学中广泛应用并渗透，也有越来越多的学者认识到传统的体育教育体制不再适合当前的体育教学，体育教学不能单纯地追求学生的外在技能水平，而应该重视学生的全面、健康、可持续发展。新时期的体育教学的重点转移到“以人为本”上，在体育教学中，教师必须认识到，学生是运动的参与者、是运动的主体，体育运动的教学和训练也必须以促进人的全面发展为根本目标。

3. 学生教学主体观的建立

现阶段，“以人为本”教学理念成为我国体育教学的重要教学理念。在我国的体育教学实践活动开展过程中，越来越多的教师开始关注学生，并从学生的特点、条件、基础和学习需要出发来选择教学内容、教学方法、教学组织形式与教学模式。高校体育更多以选修课形式设置，教师通过个人教学能力、对学生的因材施教和关心关爱学生而获得更多学生喜欢，以此来促使更多的学生来选修自己的体育课程。总之，学生是教学的主体，没有学生，教学也就不复存在。

4. 体育课程内容的优选

传统体育教学对学生的全面健康发展的关注度不够高，体育教学课程内容主要是竞技体育运动技能，体育教学课通常被体能训练课、技能训练课代替，新时期的“以人为本”教学理念重视学生的全面、健康、个性化发展，教师在体育教学内容选择上，也应更加科学。在“以人为本”教学理念指导下，我国的体育教学有了很大的进步与发展，为了进一步促进我国体育教学的改革，教育部门先后修订了各类体育教学大纲，强调在体育教学中要不断丰富体育教学内容，通过多样化教学内容来促进学生的身心健康与全面发展。在高校体育教学中，教学活动开展也建立在落实健康第一的教学理念的基础上，通过丰富的体育教学内容来吸引学生参与体育锻炼，通过体育教学促进学生身心健康发展，而非传统体育教学中只关注学生竞技能力的提高，有时为了达到竞技力提高的目的甚至安排不合理教学内容，揠苗助长，对学生身心健康造成损害，这种行为是健康第一的教学理念坚决禁止的。

此外，在丰富高校体育教学内容的同时，“以人为本”教学理念还强调体育教学内容要与每个学生的发展需求相适应，教师在体育教学内容选择中应注意以下几点要求。

第一，突出体育教学内容的趣味性，在课程改革过程中，激发学生学习的兴趣。

第二，强调体育教学内容的健身性，对过度强调竞技技术提高的体育教学内容予以摒弃或改编，使之能更好地为促进高校大学生的身体健康服务。

第三，重视体育教学内容的适用性，体育教学内容的实施应有利于学生当前的身体健康发展，并能为高校大学生的终身体育意识和体育能力的培养奠定基础。

第四，关注体育教学内容的创新性，高校体育教学内容还应适应现代化社会发展潮流，应具有启发性、创新性，培养高校大学生的创新意识。

二、“健康第一”教学理念

（一）“健康第一”的理论依据

从世界范围来看，“健康第一”教学理念的提出是符合世界教育发展趋势和社会对人才的发展要求的。

1. 世界范围内对人类健康发展的重视

在人类社会的发展历程中，健康始终是一个备受关注的课题。人类健康是推动人类社会发展的一个必要条件。

随着国际群众的健康交流日益增多，各国和地区都非常重视本国和本地区的群众的健康，整个国际社会已对体育的功能、价值等方面形成了全新的认识。在教育领域，重视学生的健康发展已成为各个国家、地区体育事业和教育事业发展的一个重中之重，体育健康教育对增强青少年体质健康水平、通过青少年群体影响周围群众健康、实现青少年进入社会成为社会体育人口并间接增进社会大众健康具有重要而深远的影响。

2. 社会发展对人才健康发展的客观要求

随着科技的不断进步、经济的迅速发展、社会生活节奏的日益加快，人类的体力劳动越来越少，长时间伏案工作造成的“运动不足”“肌肉饥饿”严重影响了人们的身体健康。

在当前和未来社会的发展过程中，健康问题将始终是影响个人和社会发展的一个重要问题，社会的快速发展与各行业的激烈竞争要求现代人才不仅要有正确的政治思想，具备扎实的科学知识和能力，还必须具备强健的体魄，身体健康是其他一切健康的基础，身体是革命的本钱，身体健康是个体生活、学习、工作的基础，如果没有一个健康的身体，人才很难在社会劳动力竞争中占据优势，社会竞争对人才的基本要求就是身体健康，要想在竞争中立于不败之地，必须拥有一个健康的体魄。教育的最终目的是促进个人的健康发展、培养符合社会发展的合格人才，对学生群体进行身体健康教育是体育健康教育的重中之重。

（二）“健康第一”的教育特点

“健康第一”教育理念内涵丰富，其在体育教学实践中表现出以下几个特点。

1. 强调身体健康是健康的基础

“健康第一”中提到的“健康”是全面的健康，是包括身体健康、心理健康、社会健康、生殖健康等在内的多维健康，健康的基础是身体健康。健康的体魄是人类发展的基础。教育应首先关注健康教育。

2. 强调多元健康发展的素质教育

“健康第一”作为一个现阶段的重要的先进教育理念，它强调体育教育应重视学生的健康发展，指出学校教育教学的首要目标是促进学生的健康成长，学生的身心健康比“卷面分数”更为重要。

3. 强调健康教育的全面性

（1）学生身体健康教育

在“健康第一”思想指导下，高校体育教学应时刻关注学生的各方面健康的综合发展，通过体育教学，关注和促进学生的身体健康发展，也促进学生的心理和社会性的发展，为学生奠定良好的身体基础、心理基础，并能在走出校园、走进社会之后能有良好的身心健康状态和水平，以应对生活、工作、再教育中的各种挑战。

（2）学生心理健康教育

现代社会竞争日益加剧，各种社会竞争要求在社会中生活的每一个人都应具备良好的心理素质，如此才能正确地看待并应对学习、生活、升学、就业、恋爱、婚姻等过程中的各种问题。当前，就我国高校大学生群体而言，许多大学生都深受学业、就业、生活的各种问题的困扰，存在不同程度的心理问题。因此，教育关注学生心理健康非常必要。体育教学具有促进学生健康心理形成和发展的重要作用，现代大学生压力大，也容易受到不良因素影响，高校体育教育应关注大学生的心理健康发展，通过体育教学活动开展，促进大学生心理健康发展。

（3）学生社会性发展教育

体育是一种独特的教育形式，高校体育教育可促进学生的社会性良好发展，在教学中教师要有意识地培养学生的人际关系建立能力、竞争与合作能力。

因此，教师要在高校体育教学活动开展过程中深入挖掘体育的教育价值，在体育教学实践中充分贯彻“健康第一”的教育理念，切实促进学生身心健康、全面发展。

（三）高校体育教学对“健康第一”的应用

1．树立体育教育新观念

“健康第一”教育理念是针对健康与教育、学习的关系而言的。健康的身体是一切教育的基础，体育应优先于智育，健康与教育、学习的关系是第一和第二的关系，这种关系并不是说教育、学习不如健康重要，只是说教育、学习应在健康的基础上进行，失去健康的教育、学习没有意义和价值。

“健康第一”教育理念是指把“健康第一”作为引导教育工作的思想，具体含义包括以下两方面。

第一，学校教育要以学生的健康为出发点和落脚点。

第二，学校教育要对学生的健康负责，学校体育应责无旁贷地对学生的健康负主要责任。

在“健康第一”教育理念下，为树立体育教育新观念教师要做到以下几点。

（1）教师努力提升自己的业务素质

教学水平、教学效果及教学成败受到诸多方面因素的影响，其中教师的影响至关重要，教师的影响甚至起到直接的决定作用，所以，教师的素质提升需要受到更多人的关注。随着现代教育改革的深入发展，其对教师的专业素质提出了越来越高的要求，专业素质既包括教学素质，也包括科研素质、创新素质、探索能力等。要全面提升这些素质，就需要教师不断拓展自己的知识面，补充新知识，完善自身知识结构，而且教师不仅要掌握专业知识，还要注重人文知识与科学知识的全方位学习与掌握，从而对教育的价值功能、学生身心素质特征、学生个性发展规律等有更深刻的认识与全面的了解，这些方面认知水平的提高必然使教师专业素质得到提升。

（2）体育、卫生、美育相结合

体育运动的特殊性对学生的营养补充提出了一定的要求。学生不管是参加什么类型的体育活动，都要注重对必要营养素的补充，营养均衡，保持健康的饮食习惯和卫生习惯。学生参与体育锻炼活动，为了保证锻炼的科学性、安全性和实效性，也需要掌握一些基本的体育保健理论知识，在科学理论的指导下进行合理的锻炼，以提高锻炼效果，达到通过锻炼增强体质的目的。

（3）技术教育与健康教育相结合

体育教育是学校教育的重要组成部分，也是向学生传授健康知识与锻炼其体育技能的重要途径。要对学生的健康生活习惯和运动锻炼习惯进行培养，就要注重体育教学活动的开展与优化。

体育教育与健康教育密不可分，技术教育是体育教育的主要内容，因此将二者有机结合起来，有助于增强学生的健康意识、保健能力及运动技能。

2. 明确体育健康教学目标

在当前的体育教育教学实践中，“育人”是学校体育教学工作最根本的目标，技术教育和体制教育并不能完全作为学校体育实践的核心内容，“健康第一”的教育理念为促进我国高校体育目标多样性、多层次的建构，对高校体育教学提出了新的要求。具体如下。

第一，高校体育教育应重视对学生体育文化知识的教育，提高学生体育文化素养。

第二，高校体育教育应充分融合健康、卫生、保健、美育等多种教育内容，通过内容全面的体育教育来培养学生健康的体育意识、健康的娱乐休闲习惯，远离可能影响个人身体健康的一切因素和事件。

第三，高校体育教育工作的开展应紧密结合学生成长发育规律与生活实际，使学生学会自我保护，预防疾病发生。

第四，高校体育教育应重视学生青春期教育和心理健康教育，为学生在特殊时期的健康成长提供科学指导。

3. 完善体育教学课程体系

深化高校体育教学课程体系改革是促进高校体育教学发展的一个重要和有效途径，要贯彻落实“健康第一”体育教学理念，就必须在体育教学课程体系建设方面做好工作，不断丰富体育教学课程体系内容，以更好地满足当前高校学生的多元化、个性化的体育健康发展需求。

在“健康第一”教育理念影响下，我国的高校体育教学课程发生了很大的改变，如体育课程内容的增加，教学方法的不断丰富、学校体育课内与课外活动的有机结合，体育选修课越来越考虑大学生的学习爱好与需要，体育课程与内容设置针对不同专业学生凸显了专业特点，等等。

现阶段，要想继续贯穿“健康第一”教学理念，建设更加完善的体育教学课程体系，应做好以下几项工作。

第一，在高校体育教学中，应始终坚持以学生为主体，将学生的身心健康发展放在首位，所有教学活动都应为促进学生的健康发展服务。

第二，调整体育教学内容，充分了解学生的发展特点和需求，对体育教学大纲所规定的教学内容进行科学选择，对与本校实际教学情况不符、对本校学生不利的教学内容进行调整，使体育教学内容能更好地应用到教学活动实践中。

第三，丰富体育教学内容。通过丰富的体育教学内容吸引高校学生参与体育学习活动，激发其参与兴趣，通过丰富的体育教学内容满足学生不同的体育学习需求。

第四，重视教学内容的因地制宜，根据本地区气候、资源及学校自身教学特点来进行特色化的体育教学课程设置，并研究推出更能反映本校学生健康发展的健康监测内容与标准。

第五，重视高校课内体育教学与课外体育活动的有机结合，加强体育课对学生的教育意义，提高学生对体育课的兴趣，使学生养成科学合理的作息习惯和健身习惯，在课余时间也能科学健身，保持健康的生活方式。

4. 优化体育教学方法

体育教学效果受到体育教学方法是否正确的影响。在高校体育教学中，有很多体育教学方法可以供教师进行选择，不同的体育教学方法有不同的特点，同一种体育教学内容可通过多种教学方法展现给学生，体育教师应该判断出哪一种教学方法是最合适的，这样可以使教学方法应用最优化，进而促进体育教学效果的最优化。优化体育教学方法的策略要求体育教师具有良好的体育教学能力，具有能科学选择各种教学方法、有效应用各种教学方法的能力。

5. 教学评价体系的完善

在“健康第一”思想的影响下，体育教学的评价应以学生的体质增强、身心健康发展为重要评价指标，完善体育教学评价体系。

“健康第一”教学理念指导下的高校体育教学评价体系的科学化构建与完善，具体要求如下。

第一，在对学生的全面评价的过程中，要对多方面的教学效果进行量化分析，并且将定性评价和定量评价相结合，提高教学评价的科学性，促使学生能更好地认识自身的不足，获得更多的学习动力。

第二，在对学生的全面评价中，要做到评价内容的全面、评价指标的全面、评价方法的全面，还有尽量做到邀请不同的评价主体进行评价。

第三，体育教学不仅注重对学生进行全面的评价，还注重对教师教学方面的评价。

第二节　高校体育教学目标

任何活动都是一种有目的、有目标的行为，目标是保证活动按照一定方向有效实施的关键，高校体育教学自然也是如此。高校体育教学涉及的范围较广，同时又会受到时代和人们观念的影响，因此，一直以来，高校体育教学目标的设置都是体育教学研究中的重点问题，受到人们的广泛关注。

高校体育教学目标实际上就是人们对高校体育教学活动的期望，是高校体育活动作用的一种体现。但是高校体育活动的功能和人们对高校体育活动产生的效果的期望又不能作为高校体育教学目标，只有保证两者完美结合，才能保证高校体育教学目标的顺利实现。

体育是随着社会的不断进步而衍生出的一门学科，也是一个多功能和多指向性的学科。受社会环境的影响，高校体育教学目标的内容也日趋庞杂，难以进行科学的总结和制定。研究高校体育教学目标的概念有助于教师在教学的过程中科学地制定体育教学目标，以保证高校体育教学的顺利实施。

一、高校体育教学目标制定的现状

高校体育教学目标是指导高校体育教学的关键，在高校体育教学中发挥着非常重要的作用。但是，由于高校体育教学在我国发展的时间较短，再加上高校体育教学的实践性较强，教学过程中容易出现很多不确定的因素，因此，高校体育教学目标制定的现状并不理想，主要表现在以下几个方面。

第一，对高校体育教学目标的认识不足。

受传统教育观念的影响，很多学生、家长和教师都较为重视对学生文化知识的教育，没有对高校体育教学形成足够的重视，高校的体育课程形同虚设。有的学校缺乏专业的体育教师，由其他学科的教师兼任体育教学工作。因此，虽然学校按照教育部门的要求开设了体育课，但时常把体育课变为其他学科的附加课程或是自习课。

第二，没有明确的教学目标。

高校体育课程是一门复杂的课程，因此在制定高校体育教学目标时，不仅要求高校体育教师具有扎实的专业功底，还要求高校体育教学目标的内容符合学生的身体发展的特点和社会的实际需求。有些体育教师在制定高校体育教学目标时考虑的因素不全面，导致高校体育教学目标不明确，无法保证目标的实现和体育教学的实施。

第三，教学目标雷同。

由于高校体育教学涉及的领域众多，因此，教师在制定高校体育教学目标的时候，应该对高校体育教学内容进行全面的了解，掌握高校体育教学内容之间的关系。但是，许多体育教师并未在制定目标之前做足够的准备，导致制定的体育教学目标雷同，学生在学习的过程中觉得体育课程枯燥无味，同时也不利于教学目标的实现。

第四，教学目标较为空泛。

前面我们在介绍高校体育教学目标分类的时候，了解到在教学的过程中要对高校体育教学目标进行细分，这样有利于教学目标的实施。但是有的体育教师在制定体育教学目标时，忽略了对体育教学目标的细分，导致教学目标较为空泛。空泛的教学目标会使得教师在教学的过程中没有明确的教学方向，导致教学进程过慢，失去了体育教学的意义。

第五，教学目标较为盲目。

随着生活水平的不断提高，人们对高校体育教学的重视程度也发生了变化，高校体育教学逐渐成为学校教学过程中的一个重要组成部分。但是体育课程标准对体育教学目标的要求并不是十分明确，加上教师的专业水平有限，无法对体育教学目标进行有效的揣摩，这导致体育教师在制定教学目标时无从下手，最终导致教学目标内容脱离教学的实际，教学目标不具有科学性。

第六，对教学目标层次性理解不够。

从高校体育教学的进程来看，高校体育教学目标具有层次性，这是高校体育教学目标制定时的依据，教师对此理解不深入，导致教学目标的层次性不明显，不利于教学的实施，同时也不利于分层次的教学目标的制定和教学质量的提高。

第七，体育教师教学过程中的惯性。

传统的高校体育教学目标的制定方法十分简单，只是简单地填充一些身体健康、技能、交际和心理健康等方面的词语。有些体育教师在制定体育教学目标的时候，为了省时省力，套用教学标准中的一些要求或者是直接沿袭传统的体育教学目标，但是这些目标是否能够一一实现，是否有利于高校体育教学总目标的达成，体育教师很少考虑，所以导致高校体育教学目标失去意义。

二、高校体育教学目标的功能

分析体育教学目标的功能有助于人们了解和掌握体育教学目标，为高校体育教学目标的制定提供科学依据。笔者通过多年对高校体育教学研究的经验得出，高校体育教学目标有以下几个方面的功能。

（一）激励功能

高校体育教学目标是体育教学目的和活动价值的集合，是学校开展体育教学活动课程要达到的一种目的和效果。确立高校体育教学目标能够激发学生对体育学习的兴趣，而且目标的功能和效果能够提升教师对体育教学的热情，激励教师科学地开展高校体育教学工作，保证教学目标的实现。对社会而言，高校体育教学能够培养符合时代发展需求的接班人，这一目标使学生、教师和教学研究人员更加重视体育教学。

（二）定向功能

高校体育教学目标实际上就是体育教学的一个方向，指导着教学活动按照一定的方向进行；高校体育教学目标反映高校体育教学的目的，高校体育教学的目的也是高校体育教学要获得的教育效果。例如，学校开展体能训练课程的目的就是增强学生的体能，促进学生的身心健康，使其适应社会的发展需要，因此，体育教师在进行教学的时候，会朝这个方向进行。所以，体育教学目标对于体育教学而言，具有定向的功能。

（三）评价功能

任何一门学科的教学过程都需要教学目标，它不仅在教学过程中发挥着激励作用和定向作用，同时也是教学的评价标准。例如，学校开展篮球课程的根本目标是让学生学会篮球运动的相关技能和知识，这也是教师开展教学的方向。如果教师完成了这一教学目标，那么这名体育教师就获得了相应的教学成就，是一名合格的体育教师；如果不能实现这一教学目标，那么教师就没有完成自己的教学任务。由此可以看出，高校体育教学目标具有评价功能。

（四）规范功能

高校体育教学相对于其他学科而言，具有复杂性，再加上新课标的要求，更加大了高校体育教学的难度，这就使得有些教师在开展高校体育教学的过程中，无法保证高校体育教学的科学性，最终对学生造成不好的影响。高校体育教学目标是教师教学过程中的参考，规范了教学过程中教师的行为和教学的内容，使得高校体育教学能够按照科学的轨道进行，促进了教学质量的提高。

同很多事物一样，高校体育教学目标也有着固定的体系和科学的分类。多年来，高校体育教育研究人员一直想解决“体育教学目标空泛”的问题，这个问题的实质就是没有对高校体育教学目标进行科学的划分，导致高校体育教学无法保证高校体育教学目标的实现。

三、高校体育教学目标的划分方法

下面将按照高校体育教学涉及的领域对高校体育教学目标进行划分，并进行简要的概述。

（一）知识目标

知识目标贯穿于高校体育教学过程的始终，是高校体育教学的基础，包括对健康的认识、对高校体育目标概念及原理的了解、对高校体育教学规律的学习要求，如认识和理解体育锻炼对身体造成的影响，了解高校体育教学对学生心理健康的影响，了解高校体育教学在当今教育学和社会中的地位和意义。这样的教学目标能够使教师在教学的过程中有意识地向学生讲授一些体育基础知识，丰富学生对体育教学的认识，提高学生的体育学习兴趣。

（二）体能目标

体能目标主要体现在身体健康领域，是为了提高学生的体能素质、适应当今社会对学生的体能需求而制定的一种目标。例如，通过各种田径运动项目，提升学生的跑步速度；通过跳绳、跳高等运动项目，提升学生的有氧耐力；通过篮球、足球等各种球类运动，提升学生的反应速度和灵敏度。体能目标能强化教师对体能训练的认识，有目的地对学生开展体能训练。

（三）技能目标

技能目标主要集中在高校体育教学过程中的某项活动的操作方法和技巧的教授方面，要求学生学习和掌握某项活动的操作技能和方法。例如，在篮球课程的学习过程中，培养学生在打篮球过程中对战术的掌握和运用能力；在体操或是舞蹈的学习过程中，学生要学会舞蹈的动作要领；在学习田径运动时，学生要掌握几个主要的田径运动技能和方法等。技能目标明确了学生的学习领域和学习内容，提高了教学的针对性。

（四）情意目标

情意目标分散在高校体育教学目标的各个领域，主要集中在学生的心理健康和适应能力领域，是学生的价值观、道德情感、心理素质、精神素质、社会价值等与心理健康相关领域的目标。例如，在参加某种体育教学活动的过程中，学生的交际能力得到提升；在某种具有竞争性项目的活动中，加强学生的心理素质教育等。情意目标在教学过程中容易被忽视，对其进行划分有助于提升教师对教学过程中学生心理健康教育的重视度。

由此可见，对高校体育教学目标进行划分能够使高校体育教学工作者在教学过程中理清思路，使人们对达成各项目标的方法、教学特点有一个较为清晰的认识，同时也降低了体育教学的教学难度。例如，在教学的过程中将某一个教学内容划分为知识目标，就可以选择一些与目标紧密相关的内容进行讲授，同时教师也清楚了在对学生进行体育教学相关知识的教授时应该采用什么样的教学手段，安排什么样的教学环境，需要多长的时间。因此，对教学目标进行划分，有助于体育教师明确体育教学目标的性质和特点，从而有利于高校体育教学目标的确立和教学方法的选择。

第三节 高校体育教学原则

高校体育教学原则就是体育教学应该遵循的基本要求，是高校体育教师在原计划的基础上对工作进行拓展和变更时所规定的界限，也是保证体育教学规范性的准则。高校体育课程本身就是一个实践性较强的课程，再加上涉及的领域较广、内容较多，如果没有高校体育教学的原则作为约束，就无法保证高校体育教学过程的规范性。我们所开展的高校体育课是不是属于高校体育教学，也必须有一定的规则和标准作为限制，这个规则和标准就是高校体育教学的原则。

高校体育教学原则是每一位体育教师都应该坚持和了解的基本内容，也是高校体育教学中的重要组成部分，在教师的教学工作之中发挥着异常重要的作用。

一、体育教学原则的概念和含义

任何一门学科都拥有教学原则，这是保证教学过程规范化和教学方向科学化的基础，高校体育教学原则在教学过程中发挥着关键作用。

（一）高校体育教学原则的概念

高校体育教学原则是实施体育教学最基本的要求，是保证高校体育教学过程不脱离高校体育教学目标的最基本因素。在进行教学内容和教学方法的选择时，体育教学方法也受到体育教学原则的约束，因此，它也是保证体育教学方法和教学内容科学性和实用性的基础。

（二）高校体育教学原则的含义

高校体育教学原则是根据体育教学的特点及体育教学大纲的目标要求而编写的。高校体育教学原则有以下三个方面的含义。

1. 基本的体育教学规范

高校体育教学原则是体育教学的规范，是高校体育教学过程中各种教学行为改变的“底线”，体育教学的相关方法和目标都是在体育教学原则的基础上不断优化和加强的。因此，高校体育教学原则是体育教学所有要求中最基本的内容。

2. 保证体育教学的科学性

高校体育教学原则是根据体育教学的特点和体育教学中的相关要求制定的，

其源于体育教学，又对体育教学起到约束作用。因此，体育教学原则中的要求能够保证体育教学过程不脱离教学实际，且有利于教学目标的实现。

3. 保证体育教学内容的合理性

高校体育教学原则是保证体育教学内容合理的基础，因为教师在进行教学内容的选择时，应该按照体育教学原则的要求进行筛选和检查，如果不符合体育教学原则的要求，那么就应该予以删除，如拳击这类运动就违反了安全性的教学原则，因此不能作为教学内容。

二、当前我国高校基本的体育教学原则

高校体育教学原则在体育教学过程中具有非常重要的指导意义，笔者主要以体现体育教学的活动特点和增强体育教学原则的指导意义为侧重点，并结合当前中国高校体育教学课程和教学改革的实际需要及国情，对我国当前基本体育教学原则进行分析和总结，旨在为体育教师和教学研究人员提供更多理论方面的参考。

（一）合理安排身体活动量的原则

合理安排身体活动量是保证体育教学科学性的前提和基础，是素质教育对体育教学的基本要求。如果体育教学安排的活动量较小，就无法满足学生的身体发展需求，如果活动量过大，就会对学生的身体造成损害。

1. 含义和依据

合理安排身体活动量的原则是指在教学的过程中必须体现体育教学的本质特点——身体的活动性，而且要根据学生的身体状况和运动的特点，保证学生接受的活动量在机体承受能力之内，同时又能够满足学生掌握体育知识和技能的需要，以及身体发展的需要。

合理安排身体活动量的教学原则是依据体育教学的特点，以及学生在身体锻炼过程中承受的运动负荷的规律而提出的。

科学的身体运动是学生锻炼身体和掌握基本运动技能的过程，也是保证体育教学目标实现的过程，因此在体育教学过程中要保证学生身体所承受活动量的合理性。

2. 基本要求

在进行体育教学时，需要坚持合理安排身体活动量的原则，笔者根据对体育

教学原则的分析和体育教学中相关因素特点的研究，得出了贯彻合理安排身体活动量这一原则的基本要求。

（1）活动量的安排要符合体育教学目标的要求

在教学的过程中，教师合理安排体育教学的活动量，实际上就是为了保证教学活动的科学性。因为合理的活动量的安排能最大限度地发挥体育教学的优势，促进教学目标的实现。如果某位教师在对学生进行身体训练的时候，安排的活动量超过了学生的身体承受能力，则会对学生的身体造成伤害，无法保证“促进学生身心健康”这一教学目标的实现。

（2）活动量的安排要符合学生的身体发展状况和身体发展需要

身体活动量的科学性安排能促进学生身体素质的提高，降低现代生活中一些不利因素对学生造成的身体方面的影响。教师要科学地安排学生的活动量，首先应该对学生的身体发展状况进行研究，清楚学生身体发展的需要，这样才能保证活动量安排的合理性。

（3）要通过科学的教程、教材和教法的设计来合理安排身体活动量

体育教学运动具有复杂性的特点，运动项目多种多样，有的运动量大，有的运动量小，呈现出不平衡的发展趋势。因此，在教学设计的过程中要考虑到学生的运动量问题，以此为基础进行教程、教材和教法的设计。

教学的过程是实现体育教学目标的过程，由于教学的各个阶段的教学任务和教学内容不同，因此在教学过程中还要根据不同阶段的教学内容及教学内容的特点合理安排运动量。

教法是教学的呈现，也是调节活动量的根本手段，因此在教学的过程中，要根据体育教学活动的情况随时调整活动量和活动强度，保证活动量的合理性。

（4）因人而异地考虑活动量

学生是教学活动的主体，因此要保证教学过程中活动量控制的合理性，应该以学生为重点，根据学生的身体特点因材施教地安排活动量，调节活动量的大小，在达到体育教学对学生整体体育水平要求的基础上，根据学生的身体强弱进行活动量的控制。

（5）逐步提高学生控制活动量的能力

在体育教学过程中，除了要促进学生运动技能的提高，提高学生对相关运动的知识和要求的把握外，还要教导学生一些判断活动量和调整活动量的方法和技巧，帮助他们合理地控制活动量，逐步地学会锻炼身体。

（二）注重体验运动乐趣的原则

运动乐趣是培养学生体育学习兴趣的基础和前提，是保证学生在体育学习过程中主观能动性发挥的基本条件，也是促进体育教学目标实现的基本保障。如果学生在体育教学过程中体会不到运动的乐趣，那么他们就会失去对体育的学习兴趣，不利于教学活动的开展。

1. 含义

注重体验运动乐趣的原则是指在体育教学过程中，在传授学生体育相关知识和技能的同时，让学生感受到体育学习的乐趣，这样能使学生喜爱体育运动，并积极参加体育教学活动。

注重体验运动的乐趣是根据体育教学的特点和学生在体育运动中情感的变化提出的，体验运动乐趣是人参与体育运动和体育比赛的重要目的。随着科学技术的不断更新，人们的生活节奏也日益加快，这些快节奏的生活方式给人们的健康带来了不利的影响，人们急需通过体育锻炼来维持自己的身心健康，所以，体育运动会逐渐成为人们生活的一部分。

让学生体验体育运动的乐趣是促进体育教学质量提高的手段，因为体育教学侧重的是学生的学习活动，学生只有在体验到体育运动乐趣的时候，才会增加对体育运动的兴趣。有了兴趣，他们学习的主动性和积极性才能被充分调动，体育教师才能不断提高体育教学的质量。

2. 基本要求

在体育教学的过程中，贯彻体验运动乐趣原则的基本要求有以下几点。

（1）正确理解和对待体育运动中的乐趣

每项体育运动项目都有其固有的运动乐趣，这些运动乐趣源于这些体育运动项目的特征，体育教师要想充分地挖掘和利用这些运动乐趣，促进教学目标的实现，首先应该正确地理解和对待它们，既不能无视它们的存在，也不能盲目地挖掘，要从体育教学目标、体育运动特点、学生的情感倾向等方面深刻地理解体育教学运动中的乐趣。

（2）注重从学生的立场理解教材

教师和学生是体育教学中的两大主体，是教学活动的重要组成部分。教师在教学活动中是教授者，学生在教学活动中是接受者。两者的立场不同，因此理解教材的角度就有所不同。教师往往从教学过程和教学目的两个方面理解教材，学生往往从乐趣和挑战两个方面理解教材。再加上学生是教学活动的参与者，是教学方法的受用者，也是教学目标的体现者，因此，应该注重从学生的立场理解体育运动的乐趣。

（3）让每一个学生都能有成功的体验

体育与其他学科的根本教学目标一致，就是提高学生的知识和技能，使学生不断成长。但是与其他学科教学目标不同的是，体育教学是一个与学生的身体条件密切相关的教学活动。但是，每一个学生受到遗传因素的影响，在身高、体重和运动技能等方面有所区别，如果开展集体的训练活动，那么一些身体条件较弱的学生很容易在学习的过程中体验到差距。所以，为了保证学生在学习过程中的平等性，就必须通过各种教学的加工和教学方法的优化，让学生不断体验成功的乐趣，增加学生的自信。

（4）处理好运动乐趣与运动技能之间的关系

体育教学活动要让学生在运动的过程中体验到成功的乐趣，但是体育教学的目标是提升学生的运动技能，因此在教学的过程中要保证两者的统一。体育教学的有些内容具有趣味性和技能性，但是有些内容运动技能性较强，趣味性不足。只有技能性和趣味性两者相统一，才能促进教学目标的实现。因此，在教学的过程中，要将趣味性和技能性较强的活动作为教学的重点，同时也要挖掘技能性偏重的活动中潜藏的趣味性，提升教学质量。

（5）开发多种有利于学生体验乐趣的教学方法

在教学的过程中，教师除了要重视体育知识的传授之外，还要善于使用多样化的教学方法帮助学生体验运动的乐趣。例如，在教学的过程中，教师可以利用运动项目的特点，灵活地使用游戏法、比赛法、领会教学法等，让学生能够充分地、平等地体验到体育学习的乐趣，促进学生体育学习兴趣的提升。

（6）体验乐趣不忘磨炼学生的意志

从我国的国情来看，现在的学生大多属于独生子女，在家人和社会的关爱中长大，因此对挫折的承受能力较弱，往往在经受失败之后便会自暴自弃。体育教学的目的是促进学生全面发展，因此在教学的过程中不能忽视磨炼学生的意志，更不能一味地迁就学生的兴趣，要让学生在体验乐趣的同时得到意志磨炼。

（三）促进技能不断提高的原则

体育教学的目的是促进学生技能的提高，因此，在教学的过程中要注重促进学生技能不断提高的教学原则，保证教学目标的实现，提高教学质量。

1．含义

促进技能不断提高的原则是指，在教学的过程中，教师要通过各种教学方法的运用，不断提高学生的体育运动技能，提高学生的体育运动成绩，从而提升体育教学质量。

促进体育教学技能不断提高的原则是由体育教学的目标、社会的需求和肌体发展的需求三个因素决定的，同时也是实现体育教学终身化的基本前提和条件。

掌握体育运动的技能是提升学生的运动能力、发展学生的运动素质的有效途径，也是让学生体验运动的乐趣、提升体育教学质量的前提，更是判断体育教学目标是否完成、检测教师教学能力高低的标准。

2．基本要求

促进学生运动技能的不断提高是体育教学目标的重要组成部分，也是体育教学的意义所在。在制定这一教学原则的时候，应该做到以下几点。

（1）正确认识运动技能在体育学习中的重要意义

在前面关于“促进技能不断提高原则的含义”的讲述中，我们已经清楚，掌握运动技能是教师教学和学生学习的目的。掌握运动技能可以保证学生的身体健康，提升学生的运动素质，促进教学质量的提高。因此，教师在教学的过程中，要注重提高学生的运动技能，

（2）明确运动技能学习的目的，有层次地掌握运动技能

体育教学要求学生掌握运动技能，就是为了丰富学生的学习和生活，增强学生的身体素质，保证学生的健康成长。因此，在教学过程中开展以“运动技能的提高”为目的的教学时，要帮助学生树立“健康第一”和“终身体育”的观念，将体育教学目标根据教学任务进行分阶段的划分，有层次和分门别类地让学生掌握体育教学大纲所要求的运动技能。

（3）要钻研“学理”和“教学”，提高教学质量

要想提高教学质量，首先应该做到“知己知彼”。因此，要让学生很好地掌握体育运动技能，就必须使其详细地掌握运动技能的规律，特别是教学环境中的各种运动技能的特点和发展的规律。因为体育教学是一门较为复杂的学科，并且教学的时间相对有限，为了保证体育教学的效率，教师必须研究学生体育技能提高的途径和规律。

（4）要创造提高运动技能的环境和条件

任何一种技能的学习都会受到环境和条件的影响，只有在环境和条件相适宜

的情况下，才能最大限度地发挥教学的作用。影响这种环境和条件的因素，包括教师自身的运动技能和水平、教学场地和器材的优化，还包括学习氛围的营造。

（四）提高运动认知、传承运动文化原则

提高运动认知原则能够促进学生体育相关知识和技能的形成，传承运动文化原则能够增强学生的责任感，从而激发学生对体育教学的兴趣，促使学生掌握更多体育技能。

1. 含义

提高运动认知、传承运动文化，就是在进行体育教学时，通过对学生的体育知识和技能的培养，增加学生对体育运动的认识，加深学生对体育运动文化的理解，便于学生接受和传承体育文化。

体育运动是通过各种运动体验而形成的一种特殊的运动方式，而且就目前体育运动在人们生活中的价值和社会发展的趋势可以看出，人们体育运动认知能力的提高，不仅有利于身心健康，还有利于体育运动文化的传承和发展。

每一门学科都有其重要的作用，体育教学的作用之一就是提高学生的运动认知能力，促进学生身心全面、健康的发展。因此在开展体育教学的过程中，要坚持提高运动认知、传承运动文化的原则。

2. 基本要求

在体育教学中，贯彻提高运动认知、传承运动文化原则的基本要求有以下几点。

（1）重视体育教学中的认知因素

重视体育教学中的认知因素，就是要在教学过程中，注重学生对运动技能的掌握和对体育运动文化的理解。加强学生对运动技能的认知有利于他们在今后的终身体育学习中更好地运用运动技能，将体育运动很好地融入生活之中。

（2）注重培养运动表象和再造想象

运动表象和再造想象是学生掌握技能的基础，学生头脑中关于运动表象和再造想象储备的知识越多，对运动技能的接受和掌握就会越迅速和高效。因此教师在体育技能教学的过程中，要不断地向学生演示运动的具体动作，并督促学生模仿练习，使其动作得以巩固和熟练。

（3）注意开发有助于学生认知的教学方法和手段

方法和手段是实现教学目标的基础。体育教学是一种较为宽泛的教学，在体

育教学过程中，要提升学生的运动认知和技能，就必须采取正确的教学方法和手段。在教学方法的选择上，教师要注重创新方法和层层深入方法的开发；在教学手段层面，教师要重视对娱乐性较强的教学手段的开发，从而帮助学生提高运动知识和技能。

（五）在集体活动中进行集体教育原则

体育教学侧重集体性，有些活动强调以小组为单位，这有利于在活动进行过程中增强学生的团结意识，提升学生的集体荣誉感。这也是体育教学的目的之一。因此，在集体活动中要注重集体教育原则。关于在集体活动中进行集体教育原则的含义及基本要求介绍如下。

1．含义

在集体活动中进行集体教育原则是指，在学生进行集体性的学习活动时，要注重对其集体荣誉感和团结性等集体活动特性的培养，增强集体的凝聚力，使学生形成正确的集体意识，养成良好的集体行为习惯。

在集体活动中进行集体教育原则依赖组成集体的特点、集体活动的规律、集体运动的发展等内容。

体育教学活动主要以协同、竞争、表现为特点，这些特点主要在集体活动形式中得到体现。再加上体育教学侧重于室外教学，受到场地、教学活动范围和教学方式的影响，体育室外教学的开展一般以小组为单位，这使得体育教学具有集体性，因此在教学过程中要注重对学生进行集体教育。

2．基本要求

根据体育集体活动和集体组成的特点，在集体活动中进行集体教育原则的要求如下。

（1）分析、研究和挖掘体育教学中的集体要素

从体育教学的特点可以看出，体育教学中有很多集体性的要素，因此在进行体育教学的过程中，要注重分析、挖掘具有集体含义的要素，如团队的意识、共同的目标、互帮互助的活动形式等。教师在进行集体教学的过程中，将这些要素有目的、有意识地融入学生的集体活动和体育学习之中，以便促进对学生团结意识和集体荣誉感的培养。

（2）善于设立集体运动的场景

在体育教学过程中衡量教学活动是否具有集体性的依据是：检测集体是否具

有共同目标、是否具有共同的学习平台，因为共同的目标和学习平台是集体运动的重要组成部分。

共同的学习目标是每个学生学习的动机和欲望；共同的学习平台是学生学习的场所和环境，能够体现集体的存在感。这两个要素能够让学生更好地凝聚在一起，互帮互助的完成共同的目标。因此教师要贯彻教学中的集体教育原则，设立集体运动的场景，如打篮球、进行拔河比赛等。

（3）善于开发有助于集体学习的方法

要合理贯彻在集体活动中进行集体教育原则的手段，就必须建立有助于集体学习的方法，这是促进教学目标实现的重要方法。例如，组织学生进行课堂讨论、分组进行某种运动技能的比赛等，这些教学方法将为体育教学中贯彻集体教育原则提供技术上的保证。

（六）安全运动与安全教育的原则

安全运动与安全教育的原则是体育教学的根本要求，因为开展体育教学的目的就是提高学生的身心健康水平，如果脱离了安全这一宗旨，任何一种教学活动都不能称为科学有效的教学方式。

1. 含义

安全运动与安全教育原则是指在教学的过程中保证安全教育的同时，对学生进行安全意识的培养和教育。

安全运动与安全教育的原则是依据体育运动的特点和体育教学的目的两方面确定的。众所周知，体育运动是由剧烈的身体活动、野外活动、集体活动、器械运动等一系列身体上的运动组成的，因此体育运动是一种危险系数较高的活动。初学者或是体质较弱的学生在学习某项活动的时候风险较高，但是这种风险是相对的，是可以避免的。因此在体育教学之前，教师要进行严格的教学设计，保证教学的安全性。

2. 基本要求

在体育教学中贯彻安全运动与安全教育原则的要求如下。

（1）教师必须预想所有存在安全隐患的因素

从长期的教学经验可以看出，体育教学中有很多存在安全隐患的因素都是可以预测的，如因学生的身体差异产生的因素、器械的损害产生的因素、场地不合理产生的因素、天气产生的因素等。在进行教学之前，教师只有根据这些因素进行合理的规划，才保证教学的安全。

（2）时刻对学生进行安全运动教育

要在教学过程中贯彻安全运动与安全教育，就需要对学生普及安全教育知识，让学生在学习的过程中时刻坚持安全第一的原则，这样才能将对学生安全意识的培养落到实处。

（3）建立运动中的安全制度和安全设备的管理

制度是约束学生行为的一项较有权威性的指标，在运动中建立安全制度，能够让学生在体育学习的过程中自觉遵守安全行为规定，不做危险运动或行为；设备是体育教学中不可缺少的条件之一，也是危险的存在载体之一，因此要在教学的过程中重视对设备安全的管理。

三、高校体育教学原则的作用

通过前面的介绍可知，体育教学原则在体育教学中具有非常高的地位，除此之外，体育教师还应该清楚体育教学原则是如何在体育教学中发挥作用的，发挥怎样的作用。笔者通过自身的教学经验和分析研究，将体育教学原则的作用总结如下。

（一）使体育教学要求更加明确

体育教学原则是体育教学工作的基本要求和教学规律的具体体现。通过体育教学原则制定的教学要求更加具有科学性、准确性和生动性，而且易于学生接受，由此看来，体育教学原则更加明确了体育教学的要求。在体育教学开展的过程中，相关教育单位或者体育教学小组可以针对体育教学原则的内容对体育教师提出具体的要求。从某种程度上说，体育教学原则是对体育教师提出的最基本的要求，是教师在教学过程中必须遵守的。

（二）梳理教师进行教学的思路

体育教学是一个复杂的教学过程，涉及的内容有很多，如根据教学目标进行教学内容的选择和安排，对教学方法的选择和运用，对学生兴趣的培养和管理，对教学条件的准备和优化，对课堂的设定和计划，对学生的研究和方案的制定，等等，这些因素会为教学增加很大的难度。但是如果教师按照体育教学原则进行，那么教学工作就是正确的、科学的，教学质量就能得到基本保障。所以，教学原则帮助教师梳理了教学思路，保证了教学的科学性。

（三）作为观察体育教学的视角

由于体育教学原则反映的是体育教学的基本要求，所以说在教学的过程中教师只有遵循体育教学原则才能满足体育教学要求，才会呈现出体育教学合理的外部特征和表现。反之，如果不遵循体育教学原则，就不能保证教学目标的顺利实现和教学过程的科学性。所以，在教学过程中，教师可以从体育教学原则视角观察教学的外部特征和教学表现，从而判断体育教学实施过程的合理性。

（四）作为评价体育教学效果的标准

任何一种对教学的评价都有可能出现主观依附性，对教学效果产生干扰，影响体育教学评价的科学性。但是如果我们以体育教学原则为参考进行评价，不仅能统一体育教学评价的标准，还保证了体育教学评价的科学性。

四、我国高校体育教学原则的发展方向

高校体育教学原则随着时代的发展和人们意识的不断提高而不断变化。笔者通过对历年来高校体育教学原则和体育教学特点的研究，将高校体育教学原则的未来发展方向总结为以下几点。

（一）人文精神在体育教学原则的研究中将得到改观

人文精神在高校体育教学原则的研究中将得到改观，这一观点的形成，主要是由于以下几个教学方向和观点的变化引起的。第一，更加重视和突出教学主体性发展的问题的研究。这种研究主要是从学生学习的积极性和主动性入手，保证教学能够不断激发学生的主观能动性，提升学生的学习兴趣，提高学生的学习动力。这需要体育教师在教学的过程中注重对学生自主活动、师生之间的平等交往等问题的研究，其最终目的就是培养学生体育学习的兴趣。第二，更加注重高校体育教学的审美性、情感性和艺术性。因为高校体育教学的目的就是提升学生的身体素质，所谓的身体素质既包括身体的健康也包括心理的健康，总之就是促进学生的全面发展，因此，在对学生进行体育教学的过程中，要注重对学生的情感、审美和艺术方面的教育。

（二）重视学生整体素质的全面发展

随着素质教育在我国的全面普及，注重学生整体素质的培养已经成为当今时代教育的主题。高校体育教学事业为了适应高校体育教学改革的标准，在教学内

容上突破以知识为主的教学原则体系框架，注重对学生体育知识学习的引导和学生个人品质的培养，以促进学生全面发展为宗旨，这已经成为高校体育教学研究和教学发展的一种趋势。为了满足当前我国素质教育的需求，高校体育教学事业还提出了身心全面发展的原则和多元化评价的原则等。这些促进学生全方面发展的教学原则的确立，主要是为了满足时代的发展对体育教学的需求，培养时代所需的体育专业人才。

（三）重视教与学的统一

高校体育教学的原则是随着人们意识的发展和时代的变化而不断变化的。随着高校体育教学发展的不断完善和人们对体育教学认识的不断深入，人们逐渐认识到传统高校体育教学原则存在的片面性。在传统高校体育教学过程中，受到传统教学思想的影响，教学重教轻学，使得传统高校体育教学原则的提出也多局限于对教师的“教”的规定，但并未对学生的“学”做详细的探讨。但是高校体育教学的目的是实现学生的全面发展，因此，制定教学原则的时候，应该明确为学而教的思想，注重教与学两者的统一。

（四）构建全新的现代化高校体育教学原则体系

高校教学原则体系要随着时代的变化和人们意识的提高而不断完善，为了保证高校体育教学的质量，当前阶段的高校急需构建一套全新的现代化体育教学体系，这不仅是高校体育教学原则研究的根本目的，也是高校体育教师响应时代发展的表现。在构建符合现代教学需求的高校体育教学原则体系的时候，要吸收前人的经验，在前人总结的教学经验的基础上进行构建，还要保证教学原则具有一定的概括性，同时也要具备教学的个性，在提高学生的素质、发展学生的个性、反映教学规律、达到教学目的等方面同时下功夫，构建一个完整的、全面的、具有时代意义的高校体育教学原则体系。

第二章　高校体育教学系统

目前，我国教育工作的重点逐渐转移到培养出全面发展的学生、培养一个“完整人”上来。随着教育理论和思想的不断进步，体育教学在教育领域的地位和重要性不断提高。本章主要从高校体育的教学内容、教学方法和教学模式三个方面进行论述。

第一节　高校体育的教学内容

考虑到体育教学内容具有复杂、涵盖面广的特点，对体育教育内容的充分理解是顺利开展体育教学活动的良好保障，为了每个体育教师都能在高校体育教育领域做好工作，明确且理解高校体育教育的内容是必要的。高校体育教学的基础是高校体育教学内容，所以在高校体育教学活动中，对于教学内容的安排和梳理是应该放在首位的。

在学校教育中，现代高校体育教学有着很高的地位，是素质教育的重要组成部分，相关研究人员要继续深入研究高校体育教学改革，努力总结出更具现代化且更适合学生体育发展的新体育教育形式，以便最大限度地提高高校体育教育的教学效率。

根据目前学生对高校体育教育内容的态度，可以看出以下几个问题：他们认为高校体育教育的内容是缺乏吸引力的、枯燥无味的；对于一些存在一定生理上的难度的项目来说，学生存在着恐惧和抵触心理；对于一些高校体育教育内容最后都开始用“达标”来衡量，大多数学生是不满和抗拒的。这些问题都反映了高校体育教学内容急需发展改革的现状。

一、高校体育教学内容改革与发展趋势

随着高校体育教育改革的深化，现在体育教学内容改革出现了以下趋势。

第一，从单纯强调体能发展转向以学生身体素质、心理健康和社会适应能力为重点的综合性发展。为了跟上素质教育深化的进程，体育教育内容的选择必须

符合素质教育的要求，不能单纯以“达标”为目的，必须充分发展学生的身心素质和社会适应能力，培养学生成为均衡、健康发展的人才，为其将来为社会主义事业奋斗终身打下坚实基础。学校的体育活动是以终身体育为基础的，为了给学生终身体育事业打下坚实基础，必须平衡好体育教材中健身性、文化性和娱乐性的关系，并且在选择教学内容时倾向于选择具备健身价值且在生活中具有常见性的运动项目。

第二，由规定性逐渐转变为选择性且按照学段的不同逐级分化。在过去的高校体育教育方案中，我们希望能整合不同体育项目，而体育项目之间的逻辑联系是比较薄弱的，关联性和相似性较差，所以其实并不能根据逻辑来整理运动项目，将综合性很强的体育学科体系化是一个很严峻的挑战。在未来选择高校体育教育内容时，教师要更加注重不同体育项目自身的规律性，选择标准偏向于趣味性、大众接受度、普及度及项目的时代性，且由于不同年龄和阶段的学生的体育学习内容和需求不同，要采用“选择制教学”

第三，物质教育的选择和定义不仅限于社会发展水平和学校教育水平，也受限于高校师生的价值观。在过去的体育教育方案中，选择和确定体育教育的内容更加重视体育教师的体育教育内容价值取向。但现在随着高校体育课程的改革，高校体育教育的内容选择将更加符合学生的需要和取向，即教学内容必须适用、服务于学生。

第四，新的体育、娱乐项目和传统民族体育项目开始作为体育教育内容受到特别关注。近些年来，新鲜的体育运动形式随着社会和网络的飞速发展如雨后春笋一样涌现出来，喜欢追随时尚的青少年自然也对新鲜的、时髦的、带有娱乐性质的体育运动项目更加偏爱，所以高校体育教育内容必须改变过去几十年一直是传统体育项目统领教材的情况，开始特别关注并纳入一些新的体育项目。当然，我国各民族的传统体育项目也各具特色且各有益处，可根据当地的情况进行设计和选择。

二、高校体育课程内容体系的构建

高校体育课程内容体系的构建与学生体育需求的扩大和体育功能的丰富有密切联系。从整体上来看，目前高校体育课程内容体系是由身体教育、娱乐教育、保健教育、生活教育、竞技教育等共同构成的。

（一）身体教育

高校体育教育的重点是身体素质教育，包括生理和心理的教育。更具体地说，高校体育教育目标主要关注加强人类运动能力，如跑、跳、掷、攀爬、悬垂、支撑等方面的能力；也注重发展关于人类运动素质的方面，体能、肌肉力、有氧耐力和灵活性等都是与健康有关的运动要素。高校体育教育的主要任务是增强学生的体育素养能力和以后长期体育运动的能力。

（二）娱乐教育

这类教学内容主要是以放松为主的娱乐活动，具有游戏性和表演性的特点，在日常生活中可以随时随地开展，各民族都有各自的娱乐性教育活动，将其作为体育方案加以引进是一个很好的选择。

（三）保健教育

这类教育主要包括开展安全和健康体育运动所需的常识、技能和必要的生理卫生保健知识。在高校体育课程中较为重要的内容是引入运动理论和实践，并确保健康教育与体育实践密切相关。

（四）生活教育

这种教育的重点是防卫能力培训、拓展练习、风险教育和健康生活教育。当代大学生正在被城市化影响，虽然生活越来越好，但是偶尔会有觉得乏味的时刻，重新回归自然、感受自然生命力、接触自然生态变成了新的价值追求，这种追求价值的方式为扩大新的体育方案提供了有利的经验。

（五）竞技体育

这类教学的内容要考虑到学生的实际身体条件、年龄、爱好、心理，选择要适合实际情况，注意不能用专业运动员的标准要求普通学生，在竞赛标准、运动难度、运动量方面都应该根据学生的实际情况进行调整，从而使竞技体育适合每个有体育运动兴趣的学生。

三、高校体育教学内容的科学发展

在高校体育教学领域，传统的高校体育思想已不能使学生树立正确的观念，高等教育应随着时代的发展而不断进步，具体表现在以下几个方面。

（一）应充分体现社会体育和终身体育

目前，全国各个大学已经用不同的方式丰富了各个年级的体育教学内容，并对体育教学内容进行了大幅度调整，但仍然缺少新的教育观念。教师要在体育教学中逐步培养学生养成体育锻炼的习惯，指导学生制定适合自己的个性化运动计划，教会学生如何处理常见的运动中出现的身体损伤，鼓励学生积极参与体育运动项目竞赛，达到体育教育贯彻学生的日常、培养学生终身运动习惯的目的。

（二）应充分体现地区特色

关于高校体育教学内容的创新，可以结合地区特点组织体育活动。由于学校地区的多样性，环境也有所不同，南北地区学生对于体育项目的爱好存在差异，这要求体育教学内容需要针对特定地区而制定，除了要体现地域特色外，最重要的原因还是因地制宜，让学生有更多的体育学习兴趣，最终实现体育健康教育目标。

（三）充分考虑学生的学习兴趣

关于高校体育教学内容的创新，必须适当考虑学生对体育课程的兴趣。教师可以通过多媒体方式进行授课，提高学生的兴趣，以获得更好的教育效果。教师可以根据学生的兴趣开设课程，只有学生对于授课内容发自内心地感兴趣，才能获得更好的教学效果。

（四）应把实践能力和课外体育相结合

学生实践教育是高校体育教育的重要组成部分。在过去的体育教育中，高等教育机构强调体育技能和体育知识，忽视了学生的实践培训和实践操作能力培养，包括自我锻炼方法、模拟并学会如何处理运动中出现的常见损伤、如何处理运动中出现的突发事件等。只有把这些内容也写入体育教学课程教材中，保证高校学生在体育锻炼和实践能力方面的知识储备丰富，才能获得高校体育教育的最佳效果。

第二节　高校体育的教学方法

一、现阶段高校体育教学方法的发展特征

（一）以学生为主体注重综合素质的培养

目前，我国教育领域的主题就是素质教育，以人为本的教育理念是其核心内容，也是现代教育教学活动开展应该遵循的原则，同时高校体育课程的教学大纲也明确要求，不仅要重视学生体育专业技能的提高，而且还要对其综合能力的培

养与塑造加以重视。在开展体育教学的时候，因为学生个体与体育专业水平上存在着差异，要想使学生全面发展，避免产生两极分化的教学效果，仅仅采用传统的以教师为主体的单向传输教学模式是不行的。

现阶段的体育教学不仅要求选择的教学方式与素质教育以学生为本的主题理念相符合，同时也明确了现代体育的教学目的，即以促进体育专业学生综合素质全面发展为原则。这种以人为本、注重综合素质培养的现代体育教学理念，也充分地体现在现代体育的教学方法上，所以说这也是现代体育教学方法的鲜明特征。

（二）强调体育教学中师生互动的多边性

在传统的体育教学中开展的教学活动多数都是以教师为单项主导的，但是现代体育教学活动在开展的时候，更加注重的是师生之间、生生之间及教师与教师之间这种具有多边性的教学沟通方式，而不只是对教师与学生之间的单项或双向沟通。现代教学理论认为每一门学科的教学都应当是建立在教学多边性的活动过程的，从这个角度上看，现代教学理论显而易见是与现代体育教学相适应的。在开展现代体育教学的过程中，以现代教学理论为指导是其得以展开并取得有效教学成效的一个必要条件，这种多边性的互动教学模式既能够充分调动学生对体育的热爱，同时还可以在开展教学活动的时候促进学生创造思维的培养，并且能够让学生在进行体育学习的时候更加积极主动。

二、现代高校体育教学方法的发展趋势

（一）教学过程合作化的趋势

教与学是整个教学过程中既统一又各自独立存在的两个内容，以往传统的体育教学注重内容的单向传输，而以现代教学理论为基础的现代体育教学，既注重教的方法，也重视学生在学习过程中学的方法，这也为现代体育教学方法的构建提供了理论基础和发展方向。也就是说，现代体育教学方法在方向上能够实现教与学的相互转化，表现出教学活动的有机性及合作性。

（二）教学方法逐渐多样化的发展

高校体育教学是一个动态的过程，尽管教师会按照教学内容、目的、任务与学生的具体情况对某种教学方法或教学程度进行设定，但在教学实践中仍存在很多变化的可能。为了使高校体育教学目标得以顺利完成与实现，在对教学方法进行运用时，教师应纵观全局，将多种教学方法有机结合，使教学方法体系的整体

性功能得以充分发挥。现阶段，高校体育教学方法主要呈现出多样化的发展趋势，这对教学效果的取得与教学目标的实现具有十分重要的作用。

第三节　高校体育的教学模式

我国高校响应党和国家推进素质教育的号召，积极推进高校体育教学改革，为实现素质教育理念中的教育目的，必须有与之相适应的教学模式。

一、常见的高校体育教学模式与应用

（一）高校“两段型”体育教学模式

1. 教学思想

“两段型”高校体育教学模式的教学思想是关注学生的潜能发展，促进他们的健康成长。同时，还必须培养学生终生的体育锻炼意识，使其全面发展自己的爱好和特长，增强他们对学习和生活的信心，为社会主义现代化建设全面协调发展的人才培养提供了有利条件。本指导思想与“健康第一”指导思想相吻合，与素质教育相适应，符合我国高校体育教育改革的方向。

高校体育教学组织通常在第一学年采取基础体育教育的形式，并在第二、第三和第四学年采用可选体育教育的形式。在体育实践课堂上，教师仍占主导地位，学生则占主体地位。在学习过程中，教师在一定程度上满足了学生的学习需求，但仍不能充分发挥主导作用。

2. 教学优点

两段型高校体育教育模式的优势在于，在大学的四年中，高校体育教育可以不间断地进行。这不仅可以为学生打下良好的身体基础，增强他们的身体素质，还可以克服高年级缺乏体育教育的问题，减少学生因体育锻炼次数减少而身体素质下降的情况。在 20 世纪 80 年代中期出现的两阶段体育教学模式已经成为现阶段我国高校体育教学的主要模式之一。

3. 教学的主要问题

当前“两段型”高校体育教学模式需要解决的主要问题是课程设置和教师素质问题。

课程设置应在健身项目和技能项目的基础上进行。

健身项目（游戏，武术，健美操，运动舞蹈等）因其难度低、易于控制、能活跃课堂气氛、有良好的健身和愉悦的效果而广受欢迎，可以满足大学生的心理需求；身体性能课程（田径长跑和投掷）大多是单调乏味的，智力因素所占的比例很小。对于技术项目而言，则需要组织一些实践活动。项目的变更不仅保持了这些项目竞争激烈、团结合作的特点，是增强学生“集体主义”的有效手段，而且具有健身娱乐功能。低栏篮球、三人篮球、小足球、球类运动等都是从教学实践转变而来的。

长期以来，我国普通高校体育教育一直采用竞技体育教材体系，选用训练运动员的训练模式对大学生进行体育锻炼，过多地关注技术动作的规范，并为此设计了过高的质量标准。大量的学生认为它是“压力”，这使得他们对体育失去了学习兴趣，这与普通高等院校的体育目标存在不同。体育教学内容的选择应根据学生的爱好等实际情况而定。此外，学生的身体素质不同，体育的基础水平也不均衡。因此，应该选择更多学生喜欢的体育项目，因此，满足他们健身和娱乐需求的集体项目是体育课程的主要内容。体育教师应尽快转变观念，为大学生提供轻松愉快的学习环境，帮助他们掌握尽可能多的健身方法，逐步树立“终身体育”的意识。

（二）高校“一体化型”体育教学模式

1. 指导思想

关于体育课内外一体化的研究其实在国内早就有相关的研究，大量学者提供了丰富的研究成果，但是他们都只是研究了其中的某一个方面，却没有形成一个系统的完善的理论体系。在这里，笔者将总结国内学者的研究成果，将这一理论进行一个具体的陈述，以期形成完善的体系。

课内外一体化教学模式，就是要将课内体育教学和课外体育教学相结合，培养学生科学运动的思想观念，全面发展学生的综合素质。这一理念在具体实践当中又分为三个层面，它们分别为终身体育思想、体育隐性课程论及体育素质教育。

（1）终身体育思想

体育运动贯穿在我们每个人的生活当中，无论是普通人还是运动员，都离不开体育运动。体育运动的普及离不开全民运动的推广，而全民运动最终的目的就是要培养人们终生运动的目标和爱好，体育教育的宗旨也正是如此。因此，这一理念重在培养学生的锻炼意识而并非锻炼技巧，且让学生全身心地投入锻炼当中，全面培养学生的体育精神是这一思想的终极目标。这一理论顺应时代的趋势，符合现代世界体育教学的发展规律。

时代在进步，传统的精英式的“象牙塔”教育已经不能满足现代社会发展的要求。作为中国高等教育重要组成部分的高校体育教育，应该积极主动地寻求方法来应对这种变化，扛起体育教学的大旗，在终身体育教育的推广上成为整个社会的领军者，培养出高素质的体育人才，从而适应新时代社会对优秀人才的需要。

与此同时，在发展高校体育教育的整个过程中，要以科学锻炼的理论指导实践，进而科学地培养大学生的自我学习能力、自我设计能力、自我运用能力及自我监督与评价能力，有效地运用校园和社会体育设备设施组织体育健身活动和竞赛活动。

青少年是祖国的未来，拥有健康体魄是青少年进行一切活动的前提条件，青少年的健康体魄关乎祖国建设的质量，因此青少年的体育教育成为重中之重。高校体育教育承担的责任十分重大，因此对于我国各大高校来说，深化体育教学模式改革，提高体育教学质量刻不容缓。

基于此，我国高校应以健康第一的终身体育思想为主要指导理论依据进行体育教学改革的。健康第一的终身体育思想在推广全民运动的同时，鼓励群众发展一个自己钟爱的终身体育项目和目标，从而让体育运动真真正正地从群众中来，到群众中去，保证让人们能真正享受体育运动带来的快乐，让群众能够从体育运动中受益终身。而体育课内外一体化教学模式的核心思想正是受该理论基础的启发，同时也是为了更好地实现全民终身体育做准备。体育课内外一体化教学模式可以让课上体育教学充分结合课下体育锻炼，使之成为一体，让体育锻炼贯穿学生整个校园生活，让学生养成热爱体育运动的习惯，体验体育运动的乐趣。这种体育教学模式既源于终身体育的指导，同时也是该体育教学理念的延续。

终身体育在高校体育教学中的推广已经到了势在必行的地步，各大高校必须严格贯彻执行这一指导思想，将终身体育落实到高校体育课堂教学中去。在具体实施的过程中，我们要有短期和长期的目标，宏观和微观的方法，让学生真正爱好体育，而不是为了应付考试而去学习，这样只会激起学生的厌学情绪，适得其反。也只有当体育运动成为他们生活中必不可少的环节时，才能真正发挥它的作用。现代体育教育的宗旨就是使全民参与体育运动，个人的英雄主义并不代表国家体育事业的强盛，只有全民参与体育运动，才能称得上体育强国。因此，各大高校应该从学生抓起，培养高校学生终身体育的思想，让学生获得强健的体魄，收获好的终生爱好，培育出全面发展的高校学生。

高校体育教育在推广全民体育，培养终身体育中起到举足轻重的地位。因此，高校学生也肩负着体育运动全民推广的责任。所以高校在给大学生进行体育教育时，首先要教的不是运动技巧和运动方法，而是要让学生了解运动精神，了解自己为什么要进行体育锻炼。只有弄清楚了这个问题之后，高校学生对体育的认知才会有后续的发展。

体育运动所传达的永不言弃、无私奉献的精神是我们进行体育锻炼时收获的最重要的东西。基于这一思想，高校体育教育必须有自己的训练和教学模式，不能生搬硬套地模仿其他人，而是要对不同的学生制定不同的教学计划，因材施教。

（2）体育隐性课程论

体育隐性课程是相对体育显性课程而言的，传统的体育教育往往只注重显性课程而忽视隐性课程的重要性。体育隐性课程有着施教主体的多样性、教学呈现方式的内隐性、学生接受的无意性、结果非预期性与评价难量化性、记忆的持久性及教学涉及范围的广泛性等特征。

因此，高校在进行体育教学的过程中，除要对高校学生进行规范的体育教育，并传授学生运动学的知识和理论外，高校教师更要实施隐性教育。例如，可以在高校范围内多举办运动会，让全校师生重视体育，爱好体育，达到全民参与的目的。与此同时，高校可以让自己的校队多和外校的队伍打友谊赛，促进院校之间体育运动的交流，培养浓厚的体育教学气氛。

除此之外，学生要想全面发展，除了有优秀的老师和合理的课程外，浓厚的校园学习气氛也是非常重要的，这一点在一些名牌高校里面体现得淋漓尽致。而隐性课程就是这一内容的最好诠释，它不仅有着和具体的教学内容同等重要的地位，还能让显性课程更好地被学生接受和吸收。因此，将显性和隐性相结合，二者相互配合推广教学往往能起到事半功倍的效果，也能将全校的教育资源发挥得淋漓尽致，让学生真正体会到体育学习的乐趣所在，寓教于乐。让学生不仅锻炼了身体，还感悟了体育想要传达的精神。

鉴于此，将显性教育与隐性教育相结合的教学模式是大势所趋，也能够很好地将体育教学的宗旨传达给每一位学生，从而使当代体育教学在文化的选择和学生对文化的适应、培养目标的实践中发挥出它的作用。

（3）体育素质教育

素质教育一直是我国高等教育的重要组成部分，也是各大高校最为重视的教育内容，而体育素质教育是素质教育的有效延伸，它是在素质教育发展良好的背景下提出来的，该思想要求教育不能一成不变，生搬硬套，而是要因材施教，寓教于乐，提倡培养学生的兴趣爱好和特长。体育教程的安排要有的放矢，讲求实效，在体育教师的指导下，使学生体育和素质全面发展。

高校体育教育不仅仅是让学生拥有强健的体魄，娴熟的运动能力。这样的学生也许会是一名好的运动员，但他远远达不到高校体育教育想要培养的人才标准。换句话说，这距离学校的培养目标还是较远的。因此，在这里我们提出了高校体育素质教育的概念，它是一种全面的、高效的教育理念。素质教育对于人的一生都有着重要的影响，而这一点与体育教育有着高度的契合度，因此体育素质教育就应运而生，它的终极目标就是让学生不仅拥有强壮的身体，还拥有体育运动的精神。

因此，我们必须摒弃以往的教学思路和方法，在课堂上，不仅要培养学生的运动技能和体育知识，更加要注重其素质的培养。这里的素质是全方位的，不仅仅是与体育相关。因为光有发达的运动能力而欠缺专业素质会制约学生的发展，所以高校不能为了出成绩就忘记自己体育教育的初衷。只有这样，学生才能更好地领悟体育运动的真谛，才能更好地领悟运动精神，才能更好地把课堂上的知识融会贯通。课内外一体化的教学模式正是在尊重高校体育素质教育的基础上，衍生而来的全新的体育教学模式。该模式注重教学与实践相结合，通过举办比赛、运动会的形式来调动学生的体育学习积极性。该体育教学模式充分调动课内、课外的体育资源，以“课上带课下”给予学生较多的选择体育锻炼方式的机会，关注学生个性的发展，注重其体育文化、意识锻炼、意志品质的全面发展。

2. 实施现状

随着近年来全国各大高校争相实施体育课内外一体化教学，该体育教学模式实施状况究竟如何，是值得我们去追问的。

实施体育课内外一体化教学模式的核心措施在于将学生参与早操、课外锻炼、俱乐部活动、运动队训练等内容纳入学生每个学期体育课成绩的评定体系之中，且占总成绩评定的60%。通过此项举措，把课内教学和课外体育锻炼有机结合，促进阳光体育活动的开展，达到增强学生体质的目的。

(1) 体育课内教学管理现状

体育课内教学课程类型分别有体育基础课、体育选项课、保健课及体育素质选修课。这些课程通过理论教学和实践教学，让学生掌握体育与健康的基本知识、科学的锻炼方式及帮助其养成坚持锻炼身体的良好体育锻炼习惯。

体育基础课教学。体育基础课是面向该校学生第一学期开设的体育课程。该课程开设的体育教学项目除基础的体育理论类课程外，会根据男女性别不同实施不同的教学项目。男生的体育教学项目有体育理论、篮球、足球、身体素质练习。女生的体育教学项目有体育理论、排球、篮球、身体素质练习。

该体育课程的总体要求如下。第一，体育理论教学安排 6 个学时，内容采用大纲规定教材，第一次授课采用分班形式完成，其余两次采用合班形式完成。第二，身体素质练习以《国家学生体质健康标准》测试项目为教学内容，并且每次身体素质练习教学时间不少于 35 分钟。第三，篮球、排球、足球项目以该项目基本技术为主要教学内容，每次教学时间不多于 35 分钟。

体育选项课教学。体育选项课是面向该校学生第二、三、四学期开设的体育课程。体育选项课教学目的在于满足不同学生的个性化需求，充分给予学生学习自由，让学生依照自身的体育兴趣爱好选择适合自己的体育课程，从而提高学生的锻炼积极性，增强其体质，培养其体育锻炼习惯。同时为更好地满足学生科学锻炼的要求，该课程实行打破班级、年级，按运动技术水平分层次教学的方式。在开设的体育项目上学校还是给予了学生较广的项目选择范围，具体实施要求有以下三个方面。

第一，学校规定自第二学期起学生可以选择喜欢的运动项目，并且在第二、第三学期教师要以学生选定的项目为教学内容；同时教师也要尽可能保证在后续的两个学期内完成所带同一班级的教学任务。

第二，从第四学期开始，允许学生重新选择授课项目。同时规定选定项目后学生完成该项第四学期学习任务。

第三，在选项课技能教学部分外增加的体能内容的教学时数不少于授课时间的 20%。

（2）体育课外管理现状

大学生课外体育锻炼的目的在于通过充分发挥学生自主锻炼的积极性培养学生体育锻炼的习惯，从而减轻学校体育老师的工作负担，提高学校体育教学的效率，但同时也要给予学生一定的自由。独立自治的课外体育锻炼形式，是课外体育锻炼的重要特点。

课外体育锻炼作为体育课的重要补充，其目的在于将体育锻炼的课堂由课内扩展延伸到课外。形式上的多样化，可以丰富学生体育锻炼的选择，完善体育课内教学的诸多不足（体育课时少、方式单一，无法完整有效地教授体育专业技术技能等）。通过课外体育教学，学生无论是在体育专业技能的掌握效果上，还是在课余有效体育锻炼的次数上均有所提升。

（3）课内、课外结合实施途径

课内课外如何一体化，是学校实施课内外一体化教学模式的核心问题。通过考察，其一体化的形式主要是教学模块的学时分配和考核比例分配这两种方式。因此被，要实施教学模块学分、学时分配改革。通过教学模块的学分、学时分配的改革，学校可以在实施过程中把课内教学和课外体育锻炼有机结合，以促进阳光体育活动的开展，达到促进学生体质健康的目的。高校的具体措施有以下几种。

一是学时安排：将大学体育健康课程学习设置为全部学期，一、二学期开设的体育必修课程（每学期 36 个学时，共 144 学时）；而后，开始为学生多元化需求开设选项课，除选项技能内容外增加体能训练部分，既保证学生技能学习又保证学生运动能力的发展，

二是学分安排：体育课一、二学年需完成每学期一学分的学习要求，共需 4 学分，未完成的需重修，三、四学年为公选课，每周两学时，每学期 18 周，共 36 学时，1 学分。学生根据自己的爱好每学期网上选课，完成规定学时，考试合格获得学分。

三是教学模块学时分配。课内学时：104 学时。课外学时（80 学时）：课外自主锻炼（早操）30 学时、俱乐部活动 30 学时、体质测试 20 学时；运动训练（群体活动）。

同时要求学生从第二学期开始每学期必须完成 12 次课外自主锻炼（早操），一次按照 0.5 个学时计算；每学期必须完成 6 次俱乐部活动，一次按照 1 学时计算；体质测试每学期安排 4 学时。参加运动训练（群体活动）的学生考勤由教练员负责。该举措的实施有效改善了以往体育教学学分、课时分配偏重课内的情况。通过更加合理科学地分配学分、学时，保障学生在课内、课外两种形式上都得到同样的锻炼时间分配。使课内外教学形成有效互补。

考核比例分配方式创新。体育成绩的考核牵动着每一个学生的心，同时也是指挥学生日常体育锻炼的指挥棒。体育考核方式上的创新，可以鞭策大学生养成良好的体育锻炼习惯，并同时丰富广大师生的体育生活。考核比例分配方式创新主要由两项措施决定。一是将学生考核成绩设置分成三个部分：过程性评价、运动技能和体能。过程性评价成绩以参与课内学习表现、课堂出勤率、课外锻炼、俱乐部活动等考勤为依据。运动技能和体能成绩则以该学期所学项目最终考核成绩为依据。二是将考核比例分配为过程性评价成绩 20%、运动技能成绩 50%、体能成绩 30%。过程性评价包括课堂考勤 10%、课堂参与度 10% 两个部分。期末成绩 40% 则是体育项目考核成绩。

3. 教学实施过程中的问题

（1）学生参与体育俱乐部活动缺少热情

体育课内外一体化教学模式注重课内、课外协调发展，课内带动课外，而体育俱乐部作为课外锻炼中的重要一环，其重要性不言而喻。但是在学生参与度方面还是有明显欠缺，学生对于学校体育俱乐部活动的选择很少，这反映了学校体育俱乐部教学发展工作的不足。

在具体的实施过程当中，俱乐部体育教学在利用时间方面，有着明显的漏洞。例如，平日早操、周末假日等时间完全可以更加优化地整合进教学体系里。该教学项目设置也不完备，虽然有更多像足球、篮球、羽毛球等大众类运动项目进入到俱乐部体系里，但是这些项目仅仅只能满足一部分学生的要求，而桥牌、围棋等智力型体育项目没有设立，因而这个体育教学有一定的局限性。另外，缺乏科学合理的考核机制，如遇到部分老师责任心不强和学生缺勤的情况时，考核机制不能对其进行约束。

（2）体育方向的资金投入有限

从总体来看，学校的体育经费的投入会直接影响本校体育教学改革的效果。经费投入不足，会影响体育场馆的建设和维护，破损的体育教学用品无法给予学生高质量的运动体验，同时也会影响学校体育赛事的正常开展。由此导致的尴尬后果将直接消磨学生的体育运动热情和教师的教学积极性，对体育课内外一体化的改革实施是非常不利的。因此，学校领导还需多重视学校体育基础设施建设，适当增加体育经费。

（3）硬件设备、场馆不足

体育器材维护及场馆建设一直以来都是各高校体育课程教学、校级体育赛事开展、高水平运动训练和其他课外体育活动正常进行的重要硬件基础。应该说，完备的、良好的体育设备和场所，可以为学校进一步深化体育课内外一体化改革提供坚实的硬件基础；反之，恶劣的、落后的体育硬件设施会阻碍课内外一体化改革的有效落实，同时也不利于营造一个和谐舒适的体育锻炼氛围。因此，体育器材维护及场馆建设问题应得到各高校的重视。

4. 对于一体化教学模式的建议

（1）加大力度建设校园体育文化

自实行体育课内外一体化教学模式以来，全国各大高校都越来越重视平衡发展课内、课外体育教学。然而，曾经一时流行的校园体育文化建设却越来越形式化。各大高校完全可以通过建设校园体育文化的方式来使高校体育教育更加具备整体性和连续性，实现体育课内教学、课外锻炼有机的结合。校园文化作为一种重要的软实力，可发挥出重要的隐性课程的作用。同时，校园文化也是高校综合实力的体现，它代表的是一所学校的精神风貌。在校园文化的熏陶下，一代代学子茁壮成长。在实施体育课内外一体化教学的大背景下，校园体育文化建设同样也是一个重要的组成部分，是课外体育锻炼方式的重要补充，有助于发挥学校隐性课程的教育作用，提高学生对于终身体育的认识。在高校体育课内外一体化背景下，校园文化建设内容主要来源有以下三个方面。

①校园体育文化节。一直以来，为弘扬体育精神，增强师生体质，全国各大高校都会举办各式各样的体育类活动。但是效果最好的还是校园体育文化节。一年一度的校园体育文化节已经成为高校师生施展个人风采、凝聚团队精神、营造文明风尚和健康体育氛围的主要舞台。在这个广阔的舞台上，竞争有序与团结友爱并存，积极向上的气氛感染着每一位学子，使其体验着体育运动的魅力。举办独具特色的校园文化节，应该注重其内容的丰富性。高校体育部可以根据学生的喜好设置不同类型、颇具趣味的体育活动吸引学生参与，如体育摄影、体育游戏、体育比赛、体育征文等活动。同时，在活动中传播体育的健康性、娱乐性，寓教于乐，既让大家通过文化节活动感受到快乐，又让广大师生认识到体育的重要性。

②体育文化论坛。每年由校方不定期举办体育文化论坛活动。由高校或者体育部邀请国内外知名专家、学者来校内进行体育文化的讲座，以此推动该校校园体育文化的传播。

③开设各种宣传校园体育文化的选修课程，如时装表演与艺术、世界武术欣赏、体育文化鉴赏、体育欣赏、桥牌任选课、极限运动欣赏、现代休闲体育欣赏与实践等选修课程。为提升学生参与体育文化节的热情和参与度，学校可以通过分配一定学分和学时的方式，激励学生参与学校组织的体育文化活动。

通过以上三种方式充分调动学校资源，运用体育课内外一体化的整体性特点，打造更具特色更具吸引力的体育文化活动，充分挖掘校园体育文化中隐性课程的作用。

（2）突出学生参与的自主性

当今高校在实行体育课内外一体化教学模式的时候，普遍存在学生热情不高、参与度较差的状况，究其原因还是因为学校没有给予学生充分的选择自主性、管理不太开放。高校体育课内外一体化教学模式的核心思想在于通过打破传统高校体育教育模式的局限，创新性地增加体育课程的灵活性，给予学生选课自由，适时调整体育教学内容，以符合当今信息化、科技化社会的时代发展要求。因此，高校体育课内外一体化教学改进可以从以下几个方面入手。

首先，从激发学生参与性的角度入手，让学生自由选课、自由选师。具体操作如下。

①建立智能选课平台。在这个互联网的时代，选课平台一方面要迎合时代的发展需求，另一方面也要考虑学生实际使用的需要。高校可建设基于互联网的选课平台，学生可通过电脑或者手机下载相关软件选课。更加智能化的选课平台可满足学生更加个性化的选课需求，也可让校方通过网络反馈得到的选课信息，统筹安排相关的体育课程。

②学生自由选课，自主择师。为了充分调动学生参与体育教学活动的积极性和自主性，要给予学生足够自由的选课和选师的权利，真正做到以生为本。让学生去选择体育学习的内容、学习的对象、学习的方式、体育锻炼地点和时间，甚至于可以让学生自主设定教学目标，使学生充分发挥体育自主锻炼的能动性。

③高校体育课内外一体化从参与形式、学习方式、文化氛围、生活方式等方面来看，都接近社会体育，贴近家庭和社会生活，对学生终身体育意识、行为、能力的培养有着积极的促进作用。

其次，从增强学校体育管理开放性的角度出发。

①增强管理方式的开放性。学校体育在管理方式上要注意把握体育课内外一体化教学的一体化特点，通过高校体育向家庭和社会延伸，高度整合学校体育、家庭体育、社会体育的相关性，构建三位一体，学校、家庭、社会协调发展的体育教育网络。同时也要将体育教学、科研、竞赛、训练等要素融入体育管理内容当中去，凸显多位一体的互动管理理念，充分做到开放性管理。

②增强学生获取知识的开放性。随着时代的发展，学生对于知识的即时性需求越来越高，网络时代碎片化的信息也越来越多。体育课内外一体化教学模式要尽可能地方便学生获取体育知识，迎合学生个性化体育锻炼的需要，通过更具开放性的教学方式，满足不同层次、不同类型、不同需求学生的学习需要。

（3）建立以生为本的评价激励机制

随着我国高校构建的体育课内外一体化教学的发展进程，以往重教法轻学法、教学方式保守及粗犷型的教学管理思路都需要改进优化。高校的体育课内外一体化教学模式在实践过程中应该从以下三个方面进行改革。

①应由重体育教法向重体育学法转变。教法体系一直以来都是以教师为主体的教学体系，但新时代的教学思路越来越注重以学生为主体。注重学法实际上就

是给予学生更多的自由，发挥其在教学过程中的能动性。在体育教学过程中的体现就是让学生进行自主练习、自主测评、自主控制调节、自主分析训练结果。体育教师则主要扮演一个指导者的角色，提供专业咨询，发放有利于提高学生自主性的教材，参与学生自学目标的设定，对其自学计划给予评价和意见，当学生在自主体育练习中遇到的问题时为其提供帮助，从而促进学生自主锻炼能力的提升。

②教学方式应由过去的约束型教学向主向开放型教学转变。过去这么多年以来，我国高校的体育教学一直存在这样一个问题，即体育教授方式过于形式化、缺乏一定开放性。高校体育课内外一体化教学应该顺应时代的发展需求，在教学方式上面突出其开放性的特点，重视教育实效、重视整合、重视学生认知上的提升。

③体育教学由粗犷型向细微型转变。随着素质教育思想的推行，体育教学的针对性凸显，因而在评价方式方面应有所改变。以生为本的评价方式是顺应社会潮流的评价方式。该评价方式是充分尊重学生个性化需求的评价方式，注重过程型评价与结果型评价的有机统一，将个人差异、个人特点、整体表现都纳入评价范围，充分发挥课内外一体化教学的整体性、包容性的特点。该评价方式可以将学生课外体育的锻炼态度、锻炼表现按照一定的标准量化，然后计入体育课总成绩，同时将课外成绩评定由“形成型”评价改为“过程型”评价，改变了以往根据《国家体育锻炼标准》评定成绩的“形成型”评价模式。

（三）高校“俱乐部式”体育教学模式

1. 教学思想

“俱乐部式”体育教学模式的重点是培养学生的运动兴趣和运动能力，发展学生的个性，从而提高学生的体育活动能力、自主学习能力和自觉学习能力，提高学生学习体育的积极性和主动性。学习、培养学生的终身运动能力，重视学生对运动项目的选择，满足学生对运动的需求，从而有效提高体育教学效率。

高校“俱乐部式”体育教学模式在国内一些高校中进行了应用，取得了理想的体育教学效果。由于其形式多样、内容丰富、教学方式方便灵活等特点，深受大学生和教师的喜爱。

在体育俱乐部中，学生在活动和竞赛中的组织、服务和裁判过程中扮演不同的角色。在角色扮演过程中，增加了学生自我学习和自我锻炼的机会，有利于提高学生的运动能力。体育俱乐部主要由学生自己组织，活动的组织形式和内容由学生决定。对于学生来说，“要我锻炼”和“我要锻炼”完全不同，显然，前者是被动的，后者是主动的。因此，在体育俱乐部内，学生学习质量的提高是明显的。

2. 应用

由于“俱乐部式”体育教学模式对各种场地和设备条件的要求很高，学生的经济负担有所增加。针对这一问题，参加俱乐部活动的高校学生表示，学校设置的项目基本可以满足健身需求。对学生来说，最大的担忧是他们是否可以延长在俱乐部的学习时间。通过参加俱乐部学习，高校学生普遍增强了参加体育活动的意识和热情，他们的体育学习欲望空前高涨。学校应及时开放新项目，完善灵活的课程管理体系，满足学生的学习需求。

增加体育俱乐部教学管理。随着体育课内外一体化改革的不断深入，高校可以从体育教育整体性出发，突出参与自主性、管理开放性、方法灵活性、运作经营性，尝试构建一个体育学习环境更加宽松、娱乐、社会化、个性化的新格局，建立一个以生为本的评价激励机制，激活体育教学新的发展点。在体育俱乐部的组织架构上，高校要做出更加优化的调整，使整个俱乐部组织运营模式更注重合作与协调。体育部与俱乐部之间有了更多的沟通，各单位分工也会更加地细致。体育专项俱乐部日常工作的管理人员组织架构主要由各专项俱乐部主席统筹，同时，体育部和俱乐部联盟通过加强日常的工作联系和沟通，共同制定每个学年度各体育俱乐部的工作安排，协调好体育俱乐部的日常管理。通过体育部、专项俱乐部等各个单位的共同努力工作，体育俱乐部的日常管理效率得到更好的优化，也为高校的师生创造了更加宽松、自由的体育锻炼环境。

高校的体育课外锻炼的日常管理工作加大了与体育俱乐部协作力度，课外体育锻炼的项目由原来的早操扩充到体育俱乐部参与的多项体育活动中。参与课外体育锻炼的人员除了相关运动的爱好者，还包括俱乐部学习的学生和俱乐部积极分子。整个课外体育锻炼的组织工作由单项俱乐部培训部主持，同时体育部安排教学人员协助支持单项俱乐部培训部的组织工作。辅导场地由学校体育部提供，俱乐部培训部协商后确定训练时间（通常周五、周六、周日或者其他时间，训练频率保证一周至少两次），同时为了加强学生参与的自主性，要适当安排一些学生担任培训人员。

从以上分析可以发现，这些类型的教学模式具有自己的风格和优势，但也有其不足之处。根据实施过程中师生的反馈，以及当前教学设施、教学场所、教学设备等的实际情况，可以判断“俱乐部式”“两段式”是当前高校体育教学模式中使用较多的两种。这两种卓越的模式受到大学生的普遍欢迎并具有强大的生命力。从发展的角度来看，这两种模式将成为21世纪我国高校体育的主要教学模式。

二、现代高校体育教学模式的科学发展

（一）体育微课的相关研究

微课的产生为体育教学改革提供了新的尝试，微课与体育教学的相互融合为体育教学领域注入了新的活力，不断吸引相关学者进行深入研究。

不同学者对于微课应用于体育教学研究过程中的研究侧重点也不同，对于体育微课研究范围也比较全面，关于体育微课的研究有以下几个方面：验证体育微课的可行性、研究体育微课的制作与开发、研究微课在体育教学中的实效性及研究基于微课的翻转课堂教学模式在体育教学中的应用。

在体育微课的类型上，有学者根据课堂教学环节，将微课分为说课类、讲授类、实践课类等与教育教学相关的多种类型，包括分析课堂教学对象与内容、确定教学目标、选取材料设计应用策略、建立内容结构知识、形成性练习和学习性评价。也有学者指出体育微课分为课前观看微课或视频课件、课中教师进行讲解示范和解决问题、课后复习和预习三个大部分。

在体育微课的意义上，有学者认为微课应用于体育教学可以弥补传统教学的不足，满足学生自主化和个性化学习需求。也有学者提到把微课引入体育课堂不仅能够丰富教学内容，培养学生终生学习体育的兴趣，还可以为体育课插上信息时代化的翅膀，使其得到更多发展机会。

在体育微课的设计应用上，有学者基于当前体育微课应用现状，认为我国微课教学模式还处于起步阶段，在体育微课的设计应用上应该做到加强体育教师微课理论的学习，提高其信息技术素养；转变体育课堂教学理念，正确对待微课教学；加强教师微课技术，组建体育微课团队。

微课在体育教学中的应用还体现在其具体运动项目上。有学者将微课应用于高校篮球技术教学当中，建立了实验组与对照组，将两组学生进行对比分析，研究结果表明微课不仅可以显著提高学生的篮球技术，还使学生的技术应用能力得到提升；也有学者将微课应用于体育舞蹈教学当中，借助微信平台与学生搭建沟通平台，进行学习监控与学习反馈，拓宽了学生的学习渠道，激发了学生的学习兴趣。

综上所述，微课或将会成为解决目前传统体育教学中存在问题的关键，因此，许多学者对其进行不懈探索实践，试图将微课教学法与传统教学法相融合，整合出一条适合今后体育教学的路径。虽然目前有关体育微课的研究已经相对全面，但是，体育微课仍处于初步阶段，研究内容也主要集中在理论意义与应用设计方面。即使是在各个年级段的不同运动项目之中甚至是同一运动项目之间，不同学者的见解也不尽相同，但是学者都一致认为微课的适用性强，与体育教学相结合是未来的一种发展趋势。并且体育学科与其他学科不同，课堂内容主要是以身体练习为主，更加具有挑战性。

1. 高校体育微课的特征

（1）具有直观性

微课建立在信息技术与互联网技术较为发达的基础上，教师能借助海量网络资源，丰富体育技能教学示范方式，使学生更加直观地学习相关技能。积极应用计算机多媒体技术，不仅能提升学生的直观感受，还能将复杂的动作定格，进行更加仔细地讲解和示范，帮助学生轻松掌握体育技能的动作要领。在传统的线下体育教学中，体育教师对动作要领很难做到如此高效、细致地讲解，有时需学生自己想象、体会，但这样的教学导致学生对动作的学习不够正规。在微课教学模式下，学生能对音频、视频中的体育动作进行定格记忆和规范掌握，便于学生对一些较难或复杂的体育动作进行牢牢掌握，提升体育课上学生体育运动知识的学习质量。

（2）具有可重复性

以往教师对复杂体育动作和内容的教学会分为几个部分，将动作分解，便于学生碎片化学习，之后再连贯起来，整体记忆，但往往会使学生动作模仿的不连续，没有形成整体记忆。而且，每个体育教师的个人能力素质不相同，也会在一定程度上对体育教学效果产生影响。利用微课混合式教学模式，允许学生仔细观看、复习、琢磨动作要领，且保证与学生接受的体育教学完全相同；同时，微课视频的制作，能提高教学效率，且减轻体育教师的教学工作量。微课视频的播放学习，有利于学生把握整体知识体系，区分体育教学的基础和重点，实现其对体育动作的连贯记忆。

（3）具有一对一的互动性

在传统的体育教学过程中，由于时间和教师数量等条件的限制，教师无法做到对学生的一对一教学，微课教学模式的出现使每个学生都能借助计算机载体，对自己没有掌握的内容进行反复学习。微课教学不仅能提升体育混合式教学质量，也是体育教师的有力助手。基于微课的体育教学，能发挥学生的自主学习能力，体现学生的主体地位，体育教师对学生的体育技能学习起到良好引导和辅助作用，不再是完全的传授者，一定程度上也能促进学生养成创新精神。微课教学允许学生对体育课程内容进行反复学习和观看，从而实现一对一的互动式教学。

2. 高校体育微课设计坚持的原则

（1）坚持学生主体原则

学生是教育工作的主要对象，学生是教育教学活动的主体。微课的设计与应用必定要以学生为主，教学活动要永远围绕学生开展，没有学生的参与，教学活动就无法进行。在进行微课设计之前，教师要充分了解学生的体育运动认知情况和学习需求，明确学生的现实基础；在微课设计过程中，要始终以学生为主体，充分调动学生参与体育课程的积极性，并给予恰当而有效的及时反馈；在微课设计实施后，要以学生的学习体会和学习效率为主，让学生来评价体育微课的实际应用效果。

（2）坚持微型化原则

"微"是微课区别于其他多媒体教学的一个重要特征，同时也是微课的核心所在。贯彻微型化的原则主要体现在：第一，时间"微"，体育微课的视频时间不宜过长，大体可控制在 10 分钟～15 分钟左右，这不仅遵循了认知负荷理论，而且还支持学生碎片化学习；第二，内容"微"，体育微课选择的教学内容要具有精炼性和针对性的特点，学习内容尽可能细化的同时保证重难点清晰和主题鲜明，保证学生学习效率的提升；第三，容量"微"，体育微课的存储容量要小，小容量的微课可以方便学生随时随地进行学习，随时随地实现资源共享，甚至还可以打破传统体育课堂在空间和时间上的限制。因此，微型化原则在体育微课的过程中一定要充分体现。

（3）坚持创新性原则

在信息技术迅猛发展的今天，创新思维尤其重要。教学活动也应以培养人的创新思维为主要动力，以强化人的创新能力为主要目标，以提高其创新素质为主要目的，根据已有的教学经验与教学内容创造出更科学、更合适的微课教学资源，并结合网络信息技术手段实施与应用，这对新时代教育教学活动的发展具有重要意义。当代大学生是新时代信息技术的主要传播者，他们善于发现和掌握最先进的信息技术，同时也具备一定的创新应用能力。所以，在体育微课的设计与应用过程中必须遵循一定的创新性原则。

（4）坚持趣味性原则

在进行体育微课设计时，首先，要充分考虑学生的学习需求，设计出具有趣味性、新奇性和实效性的微课视频来吸引学生的注意；其次，在设计过程中，要融入一些图示或动画等趣味性较高的元素，少用文本或文字，使知识更加直观、更加形象、更加活跃，加深学生对知识的印象，增强教学内容的趣味性，设计出形式新颖的体育微课，让更多的学生从体育学习过程中产生对体育项目的学习兴趣，进而有效地增强其锻炼效果。

3. 高校体育微课的制作

（1）明确教学重点

大学的体育课程有很多种，教师要根据体育课程教学特点，明确微课的重点是技术还是理论。微课的时间较短，因此要把握好对时间的划分和利用。相对时间长、内容知识复杂的传统课堂，微课更像是某一教学片段，对问题的针对性较强，主题突出，更适合体育教师对学生进行的线下辅导教学。教师要对微课的体育教学内容做出合理规划，以吸引学生学习兴趣，提升其体育运动技能。

（2）准备体育素材

①技术知识素材。体育微课形式之所以受到学生的广泛喜爱，离不开微课教学视频制作过程中蕴含的大量相关知识素材。这些教学视频素材的选择和准备，直接影响到整节微课的教学效果，进而影响体育微课教学模式的教学质量。因此，教师在制作体育教学视频的过程中，要合理选择知识素材，不仅要吸引学生的学习兴趣，也要注重体育课程特征的体现，使视频内容与体育课程教学内容紧密结合。

②音乐素材。在微课教学中，主要通过微课视频辅助完成教学任务，与传统体育教学模式相比，优质的微课视频更能激发学生对体育课程的热爱，容易形成沉浸式的学习环境。可在体育微课视频的制作中良好利用音乐素材，用音乐缓解学生的学习压力，形成良好、愉悦的学习氛围。在制作微课教学视频的过程中，对音乐素材的选择，既要体现轻松、欢快，又要贴近实际体育教学内容。

（3）体育微课制作

在选择好体育课程要讲述的技术知识及制作视频所用音乐素材后，教师就可以进行体育微课视频的制作。完整的体育教学微课制作过程，应有选题的设计、微课脚本的编写，最重要的是视频录制和教学准备，也需完成对视频后期的加工、教学评价及反思等。微课的教学特点就是主题突出，因此标题设计要醒目，视频一般不超过 10 分钟，要让学生在第一时间就能明白每个微课视频的主题；教学素材的选择及体育微课内容的设定，要结合学生的学习兴趣和学习能力。

教师可将自己对体育动作的示范录制下来，也可从网络上寻找视频进行编辑和整理，通过慢动作处理将较难的动作教给学生，使学生能仔细探究动作要领，加深理解。体育微课视频的画质要足够清晰，画面顺畅，以提升学生对微课的认同程度。教师将体育微课视频制作完成后，可将视频上传到校园网络平台，供学生提前预习和了解。

（二）翻转课堂在体育教学中的应用

1. 高校体育翻转课堂的教学步骤

（1）课前准备阶段

在规定时间内观看教学视频。

翻转课堂教学视频可通过如下两种重要途径获得：一是通过互联网搜索合适的教学视频；二是由体育教师自行设计制作教学视频。无论采取何种教学视频获取方式，均需把握如下两点：①教学视频时长应控制在 5 分钟左右，最长不超过 10 分钟；②教学视频中的教学语言应简练，教学内容应紧凑，可清晰呈现主要教学内容。获取合适的教学视频后，体育教师即可要求学生在课前提前观看教学视频。为保证学生的教学视频观看质量，体育教师可提前 2～5 天发布教学视频，必须保证学生正式上课前完成教学视频观看。

为保证所有学生均于课前观看教学视频，体育教师可要求学生将自身观看教学视频的过程以小视频的方式录下来，然后发送至事先建立的微信群中。这样的做法可对学生起到一定监督和约束作用。

布置课前练习任务。

相较其他学科而言，体育学科更具实践性，体育教学中的很多运动技能均需学生反复练习方能真正掌握。因此，基于体育学科的特点，高校体育教师仅要求学生课前观看教学视频仍远远不够。在此基础上，还应科学的布置一些课前练习任务。

（2）课中教学阶段

回顾教学视频内容。

为避免翻转课堂的课前模块和课堂模块脱节，在课堂模块的课堂导入阶段，体育教师可与学生一起回顾教学视频内容。此做法可迅速唤醒学生的课前教学视频观看记忆，有利于接下来课堂教学任务的顺利开展。在课堂教学中，高校体育教师可以进行一系列的提问，这些问题不仅能帮助学生回顾了教学视频主要内容，同时亦起到了有效的课堂导入作用，可谓一举两得。

指导学生科学练习。

在正式课堂教学模块，引导学生对教学视频进行简单回顾仅是第一步，接下来指导学生对相关技术动作进行练习才是重点。待学生完成准备活动后，体育教师可对相关技术动作进行亲自示范，在此基础上要求学生自主或分组练习，并给予学生科学的练习指导。

（3）课中评价阶段

评价方法和指标。

传统教学评价方式多为减分式教学评价方法，以建立负面清单的方式进行小组互评和教师抽检。此种教学评价方式很难激起学生对一项运动的爱好和兴趣，在一定程度上打击了学生的运动积极性，不利于学生运动自信心的建立。翻转课堂的目的是提高学生对体育运动的学习兴趣，使学生能够进行自主学习和运动。因此，在评价方式上，应对以往的评价方式有所取舍。首先，在评价方式设置上，应以正面评价清单的方式为小组互评的基础条件，在评价时设置最低完成标准，在此基础上逐项加分，以提高学生完成运动任务的积极性。其次，在评价指标的选取上，教师应考虑高校学生的基本身体素质，不以专业标准设置测评指标，主要测评指标应为学生的运动状态和运动积极性，以鼓励学生完成课上任务。

评价学生学习表现。

在体育课堂上，完成上述教学任务后，所剩时间也基本不多。在此阶段，体育教师可组织学生进行适当的放松练习，或组织学生参与一些趣味游戏活动，帮助其放松身心。除此之外，最为重要的一点是：应对学生在整个翻转课堂中的学习表现进行科学点评。研究发现，对学生在整个翻转课堂中的学习表现进行科学点评主要有如下好处：①帮助学生发现自己身上的闪光点和不足，给予学生更多鼓励；②让翻转课堂得以完美收官。高校体育教师可以以赏识性评价为主，当然，如若有学生在翻转课堂中的学习表现不好，体育教师也应予以适当批评。批评并不是打压，而是让学生明晰自身存在的不足，有助于帮助其端正学习态度，从而更好地促进翻转课堂教学质量的提升。

（4）课后反馈阶段

目前沿用的体育教学模式与其他课程教学模式不同，大多数体育课程不能以作业的形式督促学生在课后进行体育运动，无法提供课后检验标准，从而无法使学生形成肌肉记忆、增强运动协调性、巩固课堂学习成果。传统教学模式导致了学生课后学习动力不足，无法保证每周运动时间。应用翻转式教学模式后，课后环节加强了师生线上互动，既连接了师生情感，又巩固了学生课堂的学习效果，培养了学生的社会责任感，强化了课堂内容，提升了学生的体育运动热情，达到了使学生热爱体育锻炼、树立社会主义核心价值观的目的。在体育教学过程中，课后反馈能够促进学生知识内化，能够帮助学生建立“课后反思—知识拓展—情感形成”的学习过程，从而从意识层面提升学生学习能力和运动能力。在课后反馈阶段，学生能够利用课余时间回顾课堂学习任务，并能够结合自身爱好和特长，利用网络平台自主搜索相关资料，既扩展了学习情境，又能够夯实课堂学习内容，最终使学生运用科学的运动方法进行体育锻炼，以达到终身运动的目的，为实现健康中国的战略目标助力。为此，教师需要在课后反馈环节进行跟踪指导。除在传统教学模式中的线下互动外，基于互联网技术的线上互动能够对学生起到更为重要的沟通和鼓励作用。线上互动借助多媒体工具展开，不受时间、空间、场地的限制。课后反馈环节能够加深学生对课堂教学内容的印象，树立体育运动意识。教师可以抓住当下时事热点，将课堂中的项目式任务融入各种主题活动中，培养学生社会责任感和爱国情怀。

2. 高校体育翻转课堂的实施策略

（1）提高教师职业素养

体育教师作为新型体育教学模式开展的关键因素，新型体育教学模式对其职业素养提出了更高的要求。众所周知，体育教师作为课程教学的设计者、上传者、组织者，课前要设计学习目的、学习任务和学习过程，针对教学目标及学生实际情况和特点选择合适的教学方法，选择适合的学习资源，拍摄并制作高质量的视频，还要熟练应用和管理 QQ 群、微信平台，积极践行课前互动答疑，实现有效及时的在线互动，这不仅需要体育教师付出爱心和耐心来制作学习资源、提升课堂亲和力、提升课堂驾驭能力，而且还对体育教师的职业素养尤其是具备信息技术的运用能力和网络教学资源的整合能力来说是一个更高要求，这对大部分术科教师出身的体育教师来说是一个新的挑战。为此，作为推动未来线上线下混合式教学常态化最为关键的力量，体育教师应主动接受信息化教学技术的培训，不断学习、完善自我信息知识储备，提高自身职业素养。另外，教无定法，贵在得法。为此，高校要积极引导体育教师转变体育教学范式，实现从观念到技术再到方法上的结构性变化，否则体育课程改革也将流于形式。总之，体育教师要主动适应互联网时代新兴教学模式的新要求，积极推动体育教学模式的不断创新，优化各种在线教学模式应用效果；与此同时，也要积极接触国际最新的教学内容与方法，形成教研共同体，以团队合作的形式对教学内容、活动设计、组织评价等进行重构，从而增强在线教育的独有魅力。

（2）整合体育教师资源

高校体育教学，以体育项目的运动技术为手段，达到促进学生健康成长的目标。在翻转课堂教学模式下，教师要团结合作，组建教学团队，发挥各自优势，共享教学资源；要取长补短，相互协作，形成合力，设计合理的教学环节、教学步骤，共同设计科学有趣的课前教学内容。从而激发学生对体育运动的热情，在运动中锻炼身体，培养人格。

（3）培养学生终身体育意识

身体是革命的本钱，只有具备健康的身体，才能实现个人的理想与目标，为实现中华民族的伟大复兴贡献力量。参与体育锻炼可以提高学生身体和心理的健康水平，提高其社会适应能力。如何让学生真正从体育锻炼中获得健康，并能养成体育锻炼的习惯，形成终身体育的意识，是摆在体育工作者面前亟须解决的问题。在翻转课堂的教学设计中，教师要注重激发学生的学习兴趣，注重学生在体育运动中的运动体验，正确引领学生处理挑战与竞争，帮助学生在运动中获得较高成就，在课堂中增加学生的情感交流的机会、注重学生的情意表现与合作精神培养，让体育运动融入学生的日常生活，通过体育运动塑造学生的价值观。

（4）提高学生学习的自主性

翻转课堂打破了传统的体育教学中教师课堂讲解运动技术的模式，学生在教学过程中由被动地学转变为主动地学，教师由教学的主体转变为课堂的主导。学生借助教学平台与教学信息及其他学习资源，在与教师面对面的课堂教学环节前，完成知识的学习，达到传统课堂中，教师在课堂上讲授知识、传授技能的效果，这是翻转课堂的前提。这就对学生的自主学习能力提出了较高的要求，自主学习能力依赖学生对体育课程学习内容的学习兴趣，教师对学习内容的策略指导，以及良好的学习环境。这些都需要教师科学合理地进行教学设计。针对高校体育教学，首先，教师要了解学生的个体差异，根据不同学生的学习动机、运动兴趣，选择适合学生的教学内容和教学方法；其次，在教学过程中，要注重对学生学习策略的指导及培养学生形成发现问题、思考问题、解决问题的思维方式，帮助学生制订适合自身的学习计划，让学生学会学习；最后，依靠信息化平台，营造良好的学习氛围，引导并督促学生完成课前的在线学习任务，促使学生获得良好的学习效果。

第三章　体育体能训练的理论基础

高校学生进行体能训练时需要掌握一定的理论基础，只有这样，才能保证体能训练的科学性与合理性。本章从体育体能训练的生理学、心理学和营养学基础方面着手，研究体能训练的理论基础。

第一节　体能训练的生理学基础

一、体能训练的生理学原理分析

高校大学生体能训练中包括很多生理学原理，主要包括适宜负荷原理、区别对待原理、身体全面发展原理和技能掌握可逆性原理。

（一）适宜负荷原理

适宜负荷原理指的是在进行体育锻炼的过程中，锻炼者在基本适应了某种负荷刺激后会适当增大的运动负荷；只有超过原有负荷，才能得到良好的锻炼效果，而超出原有负荷的新负荷就称作超负荷，因此适宜负荷原理也叫作“超负荷原理”。

生理学的超量恢复规律和强度法则是适宜负荷原理的生理学基础。根据超量恢复规律可知，在生理范围之内，人体肌肉的活动量与其消耗的过程成正比，肌肉活动越大，消耗过程就越激烈，那么随后的超量恢复过程也会越明显。在此基础上，机体的各个器官、系统结构与功能会有明显的变化，体质也会明显增强。而在生理范围内，人所受刺激的强度越大，其生理反应就会越明显，那么其适应负荷的速度也就越快。在体能训练中往往会采用比日常体力负荷更大的“超负荷”，它属于生理适应范围内较大的负荷，通常会使身体机能产生良好的生理适应。

总体来说，由于机体对于新增的负荷都需要一定的反应期和适应期，而且还有一个恢复的过程，因此体能训练要逐步、周期性地增加负荷量，要等机体基本适应这一负荷之后再增加新的负荷。

（二）区别对待原理

区别对待原理指在进行体育锻炼的过程中，要根据不同锻炼者之间的区别和特点，选择合理的练习内容、方法与手段，通过科学的运动负荷练习来做到区别对待，最终取得良好的锻炼效果。

从生理学角度来说，运动刺激就是人在进行体育锻炼的过程中身体所承受的负荷，它会使人产生血压升高、心率加快、需氧量增大等内在生理应激反应。由于生物机体本身存在个体差异，不同的锻炼者在承受相同的运动负荷时也会产生不同的生理应激强度，进而也会获得不同的锻炼效果。因此，在对高校学生进行体能锻炼时必须重视学生的性别、年龄、体质及身体健康状况等特征，并根据这些特征对其体能练习的内容、手段与方法进行科学合理的选择和安排，同时要根据学生个体的实际情况来安排运动负荷，这样可以使其生理负荷处于个体生理适应范围之内，有利于学生体育锻炼的安全性与实效性。

（三）身体全面发展原理

身体全面发展原理指在进行体能训练时，通过运用各种练习的方法、内容及手段，使人体各个部位、器官、系统的功能得到锻炼，进而使人的身体素质、心理素质和运动能力等得到全面发展。

人体作为一个高度发展的有机体，体内各个器官、系统的生理功能并不相同，它们相互联系又相互制约，如果其中一个器官或者系统的功能有所增强或者减弱，就会影响到其他器官或者系统的功能。不过，运动项目或练习手段不同，对身体所产生的影响和效果也会有所不同，而且会有一定的侧重。例如，速度训练有利于增强锻炼者腿部的爆发力，但是对其上肢力量的提升效果就不明显；耐力训练可以有效提高锻炼者的有氧能力，但是却不能增强其力量；等等。所以，在进行体能训练时，要尽可能使练习的内容、方法与手段等全面且多样，尽量使身体的各个部位、器官及系统都可以得到一定的训练，从而使人体得到全面的发展与提高。

（四）技能掌握可逆性原理

可逆性原理指在进行体育锻炼的过程中，人体各个器官、系统和运动能力都会得到提高和增强，但如果锻炼中断，之前所获得的力量就会消失。生物学中的

"用进退废"原理和条件反射规律是该原理的生物学基础。根据研究可知，经过10周的肌肉力量训练，肌肉力量会显著增强，如果此时停止肌肉训练，那么在30周之后，原来增强的肌肉力量将会彻底消失。经过运动实践可知，即使是已经掌握的运动技能，如果长时间不进行练习就会渐渐生疏，最后甚至不能完成该技能动作，这就是所谓的条件反射的消退。因此，要想避免锻炼效果的消退，就要提前制定好锻炼计划，经常性、持续性地锻炼，这样才能不断提高和增强锻炼者的运动能力与生理功能。

二、不同体能素质训练的生理学原理

高校体能训练主要包括力量、速度、耐力、灵敏和柔韧素质训练，下面分别对这五个方面素质训练的生理学原理进行说明。

（一）力量素质训练的生理学原理

1. 力量素质的概念

力量素质指的是人的机体某一部分肌肉在人体运动中克服内外部阻力的能力。其中，外部阻力指的是重力、摩擦力、离心力、惯性力等；内部阻力指的是人体自身的重力、关节的加固力、人体内部的反作用力等。

不同的运动项目对力量素质的要求是不同的，而不同的身体素质在不同运动中的重要程度也是不同的，具体如表3–1–1所示。

表3–1–1　不同的身体素质在不同运动中的重要程度

运动项目		很重要	重要	比较重要
体能类运动项目	速度—力量性项目	速度、速度力量、爆发力、专项耐力	相对力量、最大力量	力量耐力、一般耐力、柔韧性、协调性
	耐力性项目	专项耐力、一般耐力、相对力量	力量耐力、速度、速度力量	最大力量、爆发力、柔韧性、协调性
技巧类运动项目	表现性项目	柔韧性、协调性、相对力量	速度、速度力量、爆发力、专项耐力	最大力量、一般耐力、力量耐力
	对抗性项目	爆发力、相对力量、专项耐力、协调性	速度、速度力量、最大力量	力量耐力、一般耐力、柔韧性

由表3–1–1可知，力量素质在大多数运动项目中都占有比较重要的地位，可以说，力量素质是进行一切运动的基础，可见，力量素质的训练对大学生来说是十分必要的。

2. 肌肉力量的生理构造

肌肉力量简称肌力，指的是机体肌肉在收缩时克服内外阻力的能力。肌肉力量的表现形式与肌肉的三种收缩形式有关，这三种收缩形式分别为等速收缩、等张收缩和等长收缩。

具体来说，肌肉在其活动范围内按照固定的速度进行最大的收缩称作等速收缩；若是肌肉收缩时其长度变短而产生的张力保持不变，那么这种肌肉收缩方式为等张收缩；若是肌肉收缩时长度不变且产生的张力与外部阻力相等，那么这种肌肉收缩方式为等长收缩。

在等速收缩、等张收缩和等长收缩这三种肌肉收缩的条件下，肌肉对抗和克服阻力的能力也分别被称作等速肌力、等张肌力和等长肌力，这三种肌力是评价肌肉收缩功能的重要生理学指标。下面对肌肉力量的生理构造进行具体的介绍。

（1）肌肉特性

肌肉特性分为物理特性和生理特性两种。

肌肉的物理特性主要有伸展性、弹性和粘滞性。其中伸展性指的是在负重、牵拉等外力作用下，肌肉能够被拉伸的特性；弹性指的是当取消外力作用后，肌肉可以恢复至原来状态的特性；粘滞性指的是因为肌浆内各个分子间的相互摩擦而产生的特性。根据上述内容可知，肌肉并非完全的弹性体，而是一个粘弹性体。这具体表现为，当肌肉的负重不断增大，其伸长的程度反而不断减少，当取消外力作用后，肌肉也并非立即恢复原来的长度，这种现象产生的原因就是肌肉粘滞性产生了内阻力。

肌肉的生理特性指的是肌肉的兴奋性与收缩性。通常来说，肌肉在刺激作用下会产生兴奋的特性，这种特性就是兴奋性；而肌肉兴奋后产生的收缩反应的特性就是收缩性。肌肉的这两种生理特性各不相同又紧密联系，肌肉兴奋一定会引起肌肉收缩，先是肌肉兴奋，后是肌肉收缩。

（2）肌纤维结构

大量直径在 10 微米～80 微米的骨骼肌纤维构成了人体的骨骼肌。肌纤维排列成束，肌纤维的表面包绕着肌束膜。大量肌束膜聚集在一起就形成了一块肌肉，肌肉表面包裹的结缔组织的膜叫作肌外膜，它起到支持与保护肌肉的作用。每块肌肉的中间部分称为肌腹，两端称为肌腱，肌腱虽然没有收缩能力，但是它直接附着在骨骼上，极为坚韧。

（3）骨骼肌收缩形式

骨骼肌收缩形式主要分为向心收缩、离心收缩、等长收缩；在训练手段上，还可以分成等速收缩、等动收缩、等张收缩、“超等长”收缩。

向心收缩：当肌肉拉力大于外部阻力时，肌肉的长度会缩短，这就是向心收缩，也称作克制性收缩，在训练中被称作动力性收缩，是骨骼肌中最常见的收缩形式。

离心收缩：当肌肉拉力小于外部阻力时，肌肉即使积极收缩也仍旧会被拉长，这就是离心收缩，也称作退让性收缩。研究表明，肌肉做离心收缩时产生的张力会比同一肌肉做向心收缩时产生的张力要多出 40% 左右。

等长收缩：肌肉在收缩时会产生张力，但是其长度不会发生改变，这种收缩形式就是等长收缩，也称作静力性收缩。

等动收缩：在整个关节运动的范围内，肌肉按照固定的速度和力量进行收缩就叫作等动收缩，其特点是肌肉收缩时产生的张力会发生改变，但是肌肉的长度基本上不变，肢体在整个动作的过程中不会发生明显的位置移动。

等动收缩与等长收缩都属于向心收缩，但是等动收缩可以在关节的整个运动范围内产生相同的张力，而等长收缩则不能。

“超等长”收缩：指的是在快速的超大负荷作用下产生的牵张反射效应的快速离心—向心收缩。简单来说，就是快速的超大负荷使得肌肉先进行离心收缩，再进行向心收缩。

3. 影响肌肉力量的生理学因素

（1）肌肉初长度

肌力的大小与肌肉在收缩前的初长度有着紧密的联系。在一定的范围内，肌肉初长度越长，肌肉收缩时缩短的程度越大，肌肉产生的张力也就越大。这一方面是由于肌肉本身在受到快速牵拉时会产生弹性回缩，另一方面则是因为拉长肌肉时，肌梭会感知肌纤维长度发生变化而产生冲动，通过牵张反射机制使肌纤维的回缩力提高，以此来抵抗拉力。

（2）最大肌肉横断面积

最大肌肉横断面积指的是将某块肌肉所有肌纤维横切后所得到的横断面面积，横断面积的大小取决于肌纤维的粗细和数量，一般用平方厘米表示。在以最大用力进行肌肉收缩时，人体每平方厘米横断面积的肌肉能够产生 3 千克～8 千克的肌力。一般条件下，肌肉的最大横断面积与肌肉力量基本上呈正比例关系，肌肉的最大横断面面积越大，肌肉力量就越大。

（3）肌纤维类型

在体能训练的研究中，骨骼肌纤维通常分为快肌纤维与慢肌纤维两大类。与慢肌纤维相比，快肌纤维能够产生的收缩力更大。人体四肢肌肉的快肌纤维和慢肌纤维百分比的构成是基本相等的，但是遗传因素和后天训练因素会使两者百分比的构成发生一定的变化。在力量训练的影响下，快肌与慢肌的纤维横断面面积与收缩力量都会增加，不过快肌纤维比慢肌纤维增加的速度更快，因此，快肌纤维对力量训练的适应性会更好一些。

（4）神经因素

影响肌肉力量的神经因素主要包括以下几个方面。

①中枢驱动。中枢驱动指的是人体中枢神经系统动员肌纤维参与收缩的能力，其作用主要体现在运动神经元在支配肌肉时的放电频率及其同步化的情况上。并不是所有的肌纤维在进行最大用力收缩时都可以同时参与收缩，事实上，动员参与活动的肌纤维的数量越多，肌肉收缩时产生的力就越大。训练水平较高的人能够动员肌肉中 90% 以上的肌纤维同时参与收缩，而训练水平较低的人则只能动员 60% 的肌纤维同时参与收缩。

②中枢神经系统兴奋状态。当中枢神经系统处于兴奋状态时，人体会大量释放肾上腺素、乙酰胆碱等生理活性物质，它们对人体肌肉力量有着重要的影响。人之所以会在过度激动或者遭遇紧急危险的情况下发挥出极大的力量，正是因为人在情绪极度兴奋的情况下会分泌大量的肾上腺素，大大提高了肌肉的应激性，同时中枢神经系统会快速动员“储备力量”，从而使运动单位成倍地被动员并开展工作。此外，在力量训练的早期阶段，肌肉力量虽然有所增加，但肌肉体积并没有明显的增加，而在力量训练的后期，肌肉力量的增加很大程度上受到肌肉体积的影响。这表明，在人体力量训练的早期和晚期，人体的适应机制是不同的。

③神经中枢对肌肉工作的协调和控制。不同的神经中枢支配着人体不同的肌肉群，即使是最简单的一个动作也需要调动人体的多块肌肉才能实现，因此，要想使肌肉群在运动时能够协调一致并发挥出最大的收缩力量，就必须改善不同神经中枢之间的协调关系，提高主动肌和固定肌、对抗肌、协同肌之间的协调能力。

（5）激素作用

激素对肌肉力量增加起着很大的作用，人体内雄性激素能够促进体内蛋白质的合成，使肌肉体积增大，其中男子主要通过肾上腺皮质与睾丸分泌雄性激素，女子则通过肾上腺皮质与卵巢分泌少量的雄性激素。因此，不同年龄、性别的人，其体内分泌的雄性激素的数量不同，他们的肌肉力量大小也不相同。除了雄性激素之外，生长激素、甲状腺素、胰岛素等也是促进肌力发展与肌肉生长的重要因素。例如，生长激素可以促进机体代谢、蛋白质合成，甲状腺素对肌纤维具有重要的调节作用。

（6）性别

如果用绝对肌力的大小来表示肌肉力量，女子的上肢肌力比男子的上肢肌力要低大约 50%，女子的下肢肌力则比男子的下肢肌力低大约 30%；如果用相对值来表示肌肉力量，则男子与女子的肌力是没有明显区别的，都是 3 千克／平方厘米～8 千克／平方厘米。根据上文提到的肌肉的最大横断面积与肌肉力量基本上呈正比例关系，我们可以推测出，肌肉力量绝对值的性别差异主要取决于肌肉生理横断面积，或者取决于全身肌肉数量多少。

（二）速度素质训练的生理学原理

1. 速度素质的概念

速度素质指的是人体或者人体的某个部位在最短的时间内完成动作的能力。

按照速度素质的不同表现形式，可将速度素质细分为反应速度、动作速度和移动速度。

其中，反应速度指的是人体对外界刺激做出反应的时间长短；动作速度也称为动作频率，指的是人体或人体的某个部位完成某个动作所用时间的长短；移动速度指的是人体快速发生位移的能力。

这三者之间既相互联系，又存在差别。反应速度主要体现在神经活动方面，而动作速度和移动速度主要体现在肌肉活动方面。

2. 影响反应速度的生理学因素

（1）中枢神经系统的兴奋状态

当运动者的中枢神经系统处于正常的兴奋状态时，其反应速度就比较快；与之相反，运动者由于过度疲劳对中枢神经系统造成了不好的影响，在这种条件下其反应速度会明显变慢。

（2）反射活动的复杂程度

反应时间指的是训练者接受刺激和做出肌肉动作之间的应答时间，通常也称作反应潜伏期，是决定反应速度快慢的重要基础。反应潜伏期需要经历五个过程：部分感觉器官受到刺激而兴奋；兴奋沿着传入神经到达中枢；当兴奋冲动传入大脑中枢神经之后，大脑中枢会根据以往的经验对其进行分析，刺激方式越复杂，分析所花费的时间就越长；把中枢神经产生的冲动沿着传出神经传到相应的肌肉群；肌肉会按照刺激的特点与要求做出相应的反应。

在这个过程中总会存在时间延搁，其中，处于大脑皮层时延搁时间最长。由此可知，感受器的敏感度、中枢信息加工时间及效应器的兴奋性对反应潜伏期的长短起到了决定性的作用，其中最重要的就是中枢信息加工，反射活动的复杂程度越高，中枢信息加工所需的时间就越长，最终造成反应速度越慢。此外，遗传因素、刺激信号的强度及注意力的集中程度等都会对反应潜伏期产生影响。

3. 影响动作速度、移动速度的生理学因素

（1）身体形态

高校大学生的速度素质与其身体形态有着紧密联系。当其他条件一定时，学生上肢、下肢的长度与该部位的运动速度呈正比例关系。人体四肢是绕着关节轴转动的，效应部位（手或脚）距离轴心越远，运动速度就越大。

（2）肌纤维类型的百分比构成

人体肌肉中快肌纤维所占的百分比越高，人体的快速运动能力就越强。与耐力性项目训练者的快肌纤维百分比相比，速度性项目训练者的快肌纤维百分比明显更大。

（3）神经系统功能特征

神经中枢活动的高度协调，有利于抑制对抗肌的消极影响，从而在快速运动时可以迅速调动所有必要的肌肉协作参与活动，并发挥出最高速度。根据运动生理学分析，运动技能的熟练度越高，神经肌肉之间的协调性及神经过程的灵活性就越好，动作速度与移动速度也就越快。

（4）肌肉力量

人体加速度是由肌肉力量决定的，力量越大，加速度就越大，人体运动速度也就越快。人体的加速度与其质量是成反比的，因此，要想最大限度地提高人体的加速度，就要偏重于提高人体的相对力量，因为相对力量越大，人在运动时肌肉就越容易克服来自内部、外部的阻力，这样才有利于肌肉的快速收缩。

（三）耐力素质训练的生理学原理

1. 耐力素质的概念

耐力素质是指机体在一定时间内保持特定强度负荷或动作质量的能力，是有效完成动作、对抗训练疲劳的能力。耐力素质的提高主要表现为高校学生在运动

中能够保持特定强度负荷或动作质量的能力的持续时间变长，因此，高校学生如果想要在比赛的整个过程中都能保持特定的运动强度或者动作质量，就必须进行耐力素质训练，以保证良好的耐力素质水平。高校学生在进行耐力素质训练的过程中一定会产生疲劳，而机体抗疲劳的能力也体现了高校学生的耐力素质水平。

2. 影响有氧耐力的生理学因素

（1）骨骼肌利用氧的能力

肌肉组织能够从毛细血管的血液中摄取及利用氧，肌肉组织的这种能力主要与肌纤维的类型及其有氧代谢的能力有关，部分优秀的耐力项目训练者肌肉中的慢肌纤维百分比很高，毛细血管分布密度大，氧化酶的活性高，因此这些训练者摄取和利用氧的能力就比较强。影响有氧耐力的关键因素是运动中氧气的供应因素和作为能量物质的糖原含量，而决定有氧耐力的外周机制是肌纤维类型的百分比结构及其有氧代谢能力。此外，无氧阈可以在某种程度上对机体的氧利用能力进行整体的反映，无氧阈最大吸氧量的比值越高，肌肉的氧利用能力就越强。例如，优秀的耐力训练者能够有 1 分钟 80 毫升每千克左右的最大吸氧量，而普通人通常只能大约有 1 分钟 40 毫升每千克的最大吸氧量。

（2）神经系统的调节能力

耐力素质训练可以改善神经系统的调节功能，使神经系统活动能够满足耐力运动的需要，这是耐力项目训练者可以长期进行运动的生理学原因之一。为了使肌肉保持收缩与舒张的良好节奏，内脏器官与运动器官在活动时相互配合，耐力项目训练者的神经系统需要具有长时间保持兴奋与抑制节律性转换及协调内脏中枢与运动中枢活动的能力。

（3）氧运输系统的功能水平

氧运输系统是决定有氧耐力水平的核心要素，它包括呼吸系统、血液、血液循环系统三部分，其主要功能是完成氧气、营养物质及代谢产物的运输。血液的载氧能力与心脏的泵血功能决定了氧运输系统的功能水平，也就是最大氧运输能力。其中，血液的载氧能力主要与血红蛋白含量的高低有关，血红蛋白的含量越高，与血液结合的氧气也就越多。一名普通成年男子每 100 毫升血液中血红蛋白含量约为 12 克～15 克，而一名优秀的耐力项目训练者每 100 毫升血液中血红蛋白含量通常可以达到 16 克，且其血液的载氧量也比普通人高。心脏的泵血功能主要体现在最大心排血量，最大心排血量越大，单位时间内外周肌肉组织可以获得的血流量就越多，氧气的输出量也就越大。与非耐力性项目训练者相比，优秀的耐力项目训练者往往拥有更大的心室腔、更厚的心室壁和更高的心脏每搏输出量。此外，优秀耐力项目训练者的心肌收缩力也比一般人要大，运动时的心率也比普通人运动时的心率高出很多，且每搏输出量也没有减少。

3. 影响无氧耐力的生理学因素

（1）神经系统对酸性物质的耐受能力

处于血液中的缓冲物质可以减缓酸性物质在人体内的积累速度，但是它并不能阻止血液与肌肉的酸碱度，即 pH 值朝着酸性方向发展。一般情况下，当人体处于安静状态时，人体血液的 pH 值平均是 7.4；而当人体进行剧烈运动时，血液的 pH 值可能会下降到 7。影响无氧耐力的因素之一就是神经系统对运动肌的驱动及对不同肌群活动的协调，而大量酸性物质会对神经系统的上述功能产生影响，进而也会对运动过程中运动单位的激活及中枢控制的协调性产生影响。

（2）对酸性物质的缓冲能力

肌肉在进行糖酵解时会产生乳酸，其在肌细胞内会大量积累，还会扩散至血液中，从而使肌肉、血液中的酸性物质增加，这会对人体与细胞内环境的理化性质的稳定造成干扰。因为人体肌肉与血液中都存在由弱酸和相对应的一种强碱盐（弱酸与强碱反应生成）按一定比例组成的缓冲物质，这种混合液是可以中和上述酸性物质的缓冲物质，其通过对酸、碱物质的中和而使人体肌肉与血液中的 pH 值保持相对恒定的状态。因此，常常进行无氧耐力训练有利于提高机体的耐酸能力，进而提高人体的无氧耐力水平。

（3）骨骼肌的糖无氧酵解供能能力

肌糖原的含量及其无氧酵解酶的活性决定了肌肉无氧酵解能力。进行不同代谢性质运动项目的训练者，他们体内的糖酵解酶活性与肌纤维类型百分比构成都明显体现出其从事运动项目的特点，这表明糖酵解酶活性与肌纤维类型百分比构成对无氧耐力起着重要作用。

（四）灵敏素质训练的生理学原理

影响训练者灵敏素质的生理学因素比较多，主要包含以下几个方面。

1. 性别、体型和疲劳程度

灵敏素质与人的性别密切相关。在儿童时期，男女之间的灵敏素质基本上是没有区别的；进入青春期后，男性的灵敏素质开始逐渐优于女性，在青春期之后，男性的优势更为明显。女性在进入青春期之后，体重会开始增加，随着其有氧能力降低及内分泌系统的变化，其灵敏素质会在一定时期内出现较为明显的生理下降趋势。

灵敏素质与人的体型也有一定的关系。通常体型高且瘦长的人，其灵敏性会略差；O 型腿和 X 型腿的人，其灵敏性也会比较差。

灵敏素质与人的疲劳程度有着很大的关系。人在疲劳的情况下经常会出现动作反应迟缓、速度变慢、动作不协调和灵敏性明显降低等状况。

2. 人体感觉器官的功能

人体感觉器官可以为中枢神经系统提供人体内外环境变化的信息，人体感觉器官的这种功能对其灵敏性的优劣发挥着非常特殊的影响作用。根据研究可知，高校大学生的感觉器官不仅具有良好的敏感性，还具有一定的运动项目特征。例如，进行体操项目的大学生通常具有良好的本体感觉与位觉，而进行乒乓球项目的大学生一般具有精确定位能力与较好的速度判断能力。

3. 大脑皮层的分析综合能力

大脑皮层的分析综合能力是在空间和时间紧密结合的情况下进行的，在大脑皮层分析综合能力高度发展的情况下，人体较高的灵敏素质就可以体现出来。大学生在学习体育动作时要按照一定的顺序进行，因为大脑皮层会概括动作的难易程度，并将得到的刺激按照一定的顺序反映出来，经过多次重复之后就可以形成熟练的动作。大学生通过对各种动作进行大量的练习使运动技能变得熟练，然后再在变化的环境中完成这些动作，从而不断加强大脑皮层兴奋与抑制的转换能力，进而使大脑皮层神经过程的灵活性得到提高，只有这样，大学生才能在任何环境或条件下熟练地表现出这些动作。

人体在完成各种动作时都会使肌肉产生收缩，肌肉的肌梭与腱梭将产生的兴奋传人神经中枢，通过神经中枢的综合分析活动可以使人感知到身体所在空间的位置、姿势和身体各部位的运动情况，同时，这种感知会与视觉、触觉、内感受器相互作用，从而实现空间方位感觉。大脑皮层可以随着环境变化调节肌肉的紧张，但这要建立在肌肉感觉与空间方位感觉的基础上，只有满足上述条件才能完成各种协调准确的动作。

（五）柔韧素质训练的生理学原理

1. 柔韧素质的概念

柔韧素质指的是人体各关节的活动幅度和肌肉、肌腱等软组织跨过关节的弹性与伸展能力。其中，“柔”指的是肌肉、韧带等被拉长的限度；“韧”指的是肌肉、韧带等保持被拉长长度的力量。学生选择的运动项目不同，对柔韧素质的要求也有所不同。

2．影响柔韧素质的生理学因素

（1）年龄

一般来说，10 岁是人体柔韧性增长的一个分水岭，10 岁之前人体柔韧性可以自然发展，10 岁之后随着年龄的不断增长，人体柔韧性的增长速度就会相对降低。10～13 岁是人的性成熟前期，这个阶段人体骨的弹性增强，肌肉韧带的伸展性与弹性都有较大的可塑性，因此，这个阶段应该多进行柔韧素质训练，提高肌肉韧带的伸展性，这不仅有利于人们提高各个关节的柔韧性，还有利于促进其青春期身高的增长。如果在 10 岁之前没有使柔韧性得到发展，那么 10～13 岁这个阶段将是发展柔韧性的一个很好的弥补期，在这个时期进行柔韧素质训练，能够获得应有的柔韧效果。如果超过了这个年龄，锻炼者想要提高身体的柔韧性就要经历很大的痛苦，不仅需要花费较长的时间，而且收效比较慢还容易受伤。13～15 岁是人的成长期，这个阶段骨骼的生长速度比肌肉的生长速度要更快，人体的柔韧性降低，因此，这个阶段要重视身体发育，多进行全身性的伸展练习，使已经获得的柔韧素质得到巩固，需要注意的是，柔韧性练习要适度，避免拉伤。青少年时期人体的柔韧性有所下降，但在 16～20 岁这个年龄段，身体发育已趋于成熟，可以适当加大柔韧训练的负荷与难度。

（2）性别

从生理解剖特征的角度来说，男性的肌纤维长，伸缩度较大，75% 的肌纤维都是强而有力的，肌纤维横断面积也要大于女性；女性的肌纤维是细长的，伸展性较好，对关节活动的限制较小，全身只有 50% 左右的肌纤维是强而有力的。所以，女性关节的灵活性一般比男性更好。

（3）心理紧张度

心理紧张度过长、过强都会造成神经过程从兴奋转向抑制，这会对身体各部位的协调能力产生严重影响，进而会影响到机体的柔韧素质。

（4）中枢神经系统的兴奋性

中枢神经系统的兴奋性会对人体肌肉和韧带组织的弹性产生影响，肌肉的弹性在中枢神经系统的影响下会发生明显的变化，这会对机体柔韧素质产生影响。

（5）神经过程转换的灵活性

神经系统兴奋和抑制过程转换的灵活性与运动中肌肉基本张力有着紧密的联系，特别是中枢神经系统的调节作用可以使对抗肌放松，提高肌肉紧张与放松的调节能力。正是因为神经过程转换对训练者肌肉的随意放松能力有着关键作用，因此神经过程转换的灵活性和人体的柔韧素质是密切相关的。

（6）人体关节的构造

人体关节的解剖结构特点及其周围组织的体积与髋关节的韧带、肌肉、肌腔等生理情况都与人体关节活动幅度的大小有关。对人体关节起到加固作用的主要是韧带和肌腱。韧带作为抗拉性极强的组织，其主要起到加固关节、限制关节在限定范围内活动的作用，能够避免关节因为超出活动的范围而受伤；肌肉主要是从关节外部对关节力量进行补充和加固，它可以控制关节活动的幅度。一般性的运动基本上不会超过关节活动范围，这是因为与运动方向相反的对抗肌伸展不足对关节活动进行了限制。因此，想要提高某一个关节的柔韧素质，主要是对其对抗肌进行锻炼，逐渐增加对抗肌的伸展度，使其主动受到牵拉伸展，从而使关节的运动幅度变大。

第二节　体能训练的心理学基础

一、心理学基本知识

在高校体能训练的过程中，大学生随时会产生各种心理和情绪，这些都涉及心理学的基本知识。在分析大学生体能训练的心理学基础之前，要先了解心理学中的动机、心理过程和个性心理等基本知识。

（一）动机

动机就是促使一个人进行活动的心理动因或者内部动力。动机可以将活动引向一定的目标，对满足个体需要的念头、愿望及维持人的活动具有十分重要的意义。由此可知，动机是个体的内在过程，而这种内在过程的结果就是行为。

动机的作用主要包括以下三点：一是引起和发动个体的活动；二是指引个体选择活动的方向；三是维持、制止、增加或者减弱个体的某一活动。

1. 动机的分类

根据不同的分类标准，动机的分类各不相同，分类标准主要有需要的性质、兴趣的特点、情感的体验、动机的来源四大类，其中，又可细分如下几项内容。

（1）按需要的性质分类

以需要的性质为标准，动机可分为生物性动机和社会性动机。

生物性动机指的是以生物性需要为基础的动机，如因口渴、饥饿所产生的动机。

社会性动机指的是以社会性需要为基础的动机，如交往动机、成就动机等。

（2）按兴趣的特点分类

按照个体兴趣的特点可将动机分为直接动机和间接动机两种。

直接动机指的是建立在直接兴趣的基础上并指向活动过程本身的动机。例如，部分大学生对自己进行的运动项目本身感兴趣，认为它有利于提高自己的身体机能，使自己的潜力在运动的过程中得到最大限度的发挥，这会使他们产生一种满足感和效能感，这种训练动机就是直接动机，也就是指向训练本身的动机。

间接动机指的是建立在间接兴趣的基础上并指向活动结果的动机。例如，部分大学生对运动本身并不感兴趣，但是这项运动又是战胜对手必须克服的困难，这种动机就是间接动机，也就是指向训练结果的动机。

（3）按情感的体验分类

以情感的体验为标准，动机可分为缺乏性动机和丰富性动机。

缺乏性动机也可以理解为“厌恶的动机”，其主要特征是排除缺乏与破坏、避免威胁、逃避危险等需要，包括安全和生存的一般目的。缺乏性动机一旦实现了既定目标，这种动机将会明显减弱。例如，有些人刻苦训练只是为了保住自己在队伍中的主力位置，有些学生为了避开即将举行的比赛而撒谎称病，还有人被迫进行体育锻炼只是因为身体状况不佳而担心身体垮掉，这些都属于缺乏性动机。

丰富性动机也称作“欲望的动机”，指的是以进行享乐、寻找新奇、获得满足、有所成就等欲望为特征的动机，它包括满足与刺激的一般目的。与缺乏性动机趋向于张力的缩减不同，丰富性动机往往趋向于张力的增强。丰富性动机是追求刺激，而不是逃避，且当人们的需求获得满足之后，丰富性动机会加强。例如，人们做很多事都是在追求刺激，希望得到兴奋、快乐、赏识，部分学生每次锻炼之后都会产生极大的满足感，他们会心情愉悦，对生活充满信心，这种锻炼动机就是丰富性动机。

(4) 按动机的来源分类

按照动机的来源，动机可分为内部动机和外部动机。

内部动机指的是来源于主观内部原因的动机。它以生物性需要为基础，通过积极参与活动并应对活动中的各种挑战来展示自己的能力，发挥自己的价值，进而获得极大的满足感与效能感。具体来说，一个人在活动中获得成功，这种活动与成功本身就构成了一种内部奖励，在这种动机中，人的行为动力源于内部的自我动员。例如，部分高校学生本身就非常喜欢自己从事的专项训练，其参加训练和比赛是为了一种内在的自尊，这样，即使在没有观众的情况下，他们在比赛中也会拼尽全力表现自己。

外部动机指的是来源于客观外部原因的动机。它以社会需要为基础，通过参与某种活动来获得一定的外部奖励或者避免责罚，以此来满足自己的社会性需要。在这种动机中，行为的动力主要来自外部的动员力量。例如，一名大学生参加篮球比赛并获得成功，一方面是为了得到公众的承认并获得赞扬，另一方面也是为了获取比赛的奖杯与奖金，同时也是为了满足自己的归属需要。

2. 引起动机的基本条件

引起动机的基本条件包括内部条件和外部条件。

(1) 内部条件

需要是引起动机的内部条件，是个体因为缺乏某种东西而产生的内部紧张状态和不舒服感。需要作为个体产生愿望并推动其行为的力量，能够使人活动。动机的构成就是需要。例如，很多中老年人锻炼身体就是出于健康的需要，青少年锻炼身体则是出于身体发展及活动的需要。

(2) 外部条件

环境因素是引起动机的外部条件，指的是个体以外的各种刺激，包括各种社会性与生物性的因素，这些因素对人起着重要作用。如果一个人处于“每天连一点锻炼的时间都抽不出来，其能力一定比较差”的舆论环境中，很可能会促使其产生锻炼的动机。

3. 训练动机的培养和激发

对于高校大学生而言，训练动机对其参与体能训练起着重要作用。所以，必须重视训练动机的培养和激发，这能够促使大学生积极主动地参与到体能训练中。培养和激发训练动机的方法主要有以下几种。

（1）树立积极正确的目标

目标的确立直接影响到大学生训练动机的强度与方向。积极正确的目标可以引导和激发人的活动，而消极错误的目标则会起到反作用。为了保证目标的正确性，必须注意以下四个方面的内容：将长期目标和短期目标相统一；尽量将目标具体化、明确化；确保目标的难度要适中；公开训练的目标和结果。

（2）满足人的不同需求

满足人的需求是培养和激发训练动机的关键。大学生进行体能训练主要有两个方面的需求：一是健康，二是乐趣。体能训练的形式多种多样，其充足的趣味性与挑战性有利于满足大学生乐趣方面的需要；参与体能训练可以提高大学生的身体素质和健康水平，这有利于满足大学生健康方面的需要。因此，通过满足人的不同需求可以有效激发和建立起其体能训练的动机。

（3）正确使用奖励手段

有很多途径都可以激发训练动机，例如，从内部激发的训练动机和从外部激发的训练动机。这里所说的奖励指的是从外部激发训练动机的方法。一般情况下，正确的奖励能够有效激发大学生的训练动机，但是要注意恰当运用奖励的手段，否则不仅达不到从外部激发训练动机的目的，还会对内部动机的激发造成不良影响。奖励手段一般分为物质奖励与精神奖励两种，其中物质奖励适用于暂时性的训练动机的激发，精神奖励主要是为了达到长期激发训练动机的目的，表扬、微笑等都属于精神奖励。

（4）根据个体差异性采取针对性的手段

高校学生正处于各方面不断发展的时期，他们的个体特点、健康状况、个人需要等都存在一定的差异，所以，想要使大学生参加体能训练的动机得到有效激发，就必须将上述几个方面作为主要参考依据，有针对性地采取相应的手段与方法，因人而异，因材施教。此外，没有任何一种手段或方法是万能的，因此，教师在选择手段与方法时要结合客观实际，具体问题具体分析，这样才能使学生积极主动地参加体能训练。

（二）心理过程

人的心理活动从产生、发展、变化到完善的过程就是心理过程，这是一个复杂且随时变化的过程。心理过程主要包括认识过程、情感过程和意志过程。

1. 认识过程

认识过程指的是人在认识客观事物的过程中表现出的心理现象。认识过程主要包括感知觉、表象、想象、思维、记忆等。这里只重点阐述认识过程中的感知觉和思维。

（1）感知觉

感知觉分成感觉和知觉，其中，感觉是指受到事物的直接影响，大脑对事物个别属性的反应，如感到炎热、听到声音、看到景色、闻到气味等都是感觉；知觉是指受到事物的直接影响，大脑对事物的整体反映，如当足球直接作用于人体的各种感觉器官时，人脑中就会产生足球的整体形象，这就是知觉过程。感觉和知觉对事物的认识过程是不同的，但它们都是人脑对直接作用于人体感觉器官的客观事物的个别属性与整体的反映，都属于认识的起点与开端。敏锐的感觉能力，也就是较高的感受性，是锻炼者掌握和发挥运动技术的前提，它有利于帮助锻炼者更好地感知到各个动作之间的细微差别，发现细微的错误动作。此外，较高的感受性还可以帮助锻炼者快速感知到外界的刺激，这有利于提高锻炼者的反应速度。

（2）思维

思维指的是事物内部规律与本质属性在人脑中的反映，这种认识活动是一种非常复杂的头脑加工过程。具体来说，对人的认识及感知觉只能反映出人的具体形象、面貌、肤色及身体构造等，而思维则能舍弃这些具体的非本质的特征，概括出人能够制造和使用劳动工具、从事生产活动、具有思想意识与高级感情等方面的本质特征。锻炼者可以通过练习学会一种运动技能，但是想要使这种运动技能的成绩得到提高，就必须通过思维掌握该运动技能的本质与规律。

2. 情感过程

情感过程指的是人在判断客观事物是否满足自我的需要时而产生的情感体验的过程。如果客观事物可以满足人的需要，人就会产生高兴、快乐等肯定性质的情感；如果客观事物没有满足人的需要，人就会产生难过、痛苦等否定性质的情感。在进行比赛时，锻炼者会因为成功与失败的不停转换而发生感情上的激烈变化，喜怒忧乐不停变换，其中肯定性质的情感会增加锻炼者的力量，而否定性质的情感容易给锻炼者带来消极影响。因此，每个人都必须了解运动竞赛中的情感特点，学会对自己的情感加以控制和调节，做到胜不骄、败不馁，始终保持着积极乐观的情绪，将情感当作提高运动能力的动力。

3. 意志过程

意志过程指的是人为了达到某个目的而对自己的行为进行支配，并在运动时自觉主动克服困难的心理过程。意志这种心理活动是建立在认识的基础上，并在情感的激励下产生的，它是提高运动成绩的重要精神力量。从运动的角度来说，长时间的运动活动不仅需要耗费大量的生理能量，而且由于运动过程中需要高度集中注意力、思维敏捷、不断改变且强烈的情感体验，因此，运动活动还会耗费极大的心理能量。对于意志坚定的锻炼者而言，他们拥有坚强的意志品质，能够充分发挥自己的主观能动性，能够勇敢地克服在运动项目和竞赛中面临的各种困难，这使他们能够更好地掌握运动技能，取得优秀的运动成绩。

（三）个性心理

个性指的是具有一定倾向性且较为稳定的心理特征的总和。个性心理指的是个体在心理活动中所表现出的比较稳定的心理特点，如能力、性格与气质。这些心理特点对人的所有行为都会产生影响，当然，也会对人参加的体育活动产生重要影响。

1. 能力

能力是掌握运动技能和提高运动成绩的重要基础，它主要包括记忆力、观察力、想象力、思考力和注意力等。不同个体之间的能力存在较大的差异，如人的能力类型、能力表现的早晚、能力的发展水平等都各不相同。因此，教师在对学生进行教学训练时要根据学生能力特点的不同因材施教，要通过不同的教学训练方法使每一位学生都可以很好地掌握和运用其教授的运动技能。

2. 性格

性格指的是个人面对现实时稳定的态度及习惯性的行为方式，是个性的一个方面。性格是人们之间存在差别的较为稳定的心理特点，具体有以下几个特征：第一，性格是现实社会关系在人脑中的反映，是人们一定思想意识与行为习惯的表现；第二，性格具有较为稳定却又会发生改变的特征，如一个原本胆小怕刺激的人，在通过长期的运动训练和多次的比赛之后，可能会变成一个坚强的人。因此，培养高校学生的重要任务之一就是对性格进行培养。

3. 气质

气质指的是人的心理活动的稳定的动力特征。人的气质类型不同，其行为表现也会有所不同。由于大学生运动的一个重要心理依据就是气质类型，所以对不同的人的气质类型进行了解或鉴定是研究高校学生运动的重要内容。

综上所述，心理过程会发生在每个人身上，它与个性心理差异总是紧密相关的。一方面，人的个性心理通过心理过程形成并表现出来；另一方面，个性心理形成的个性差异会对心理过程起到制约作用。

二、体能训练的心理学原理分析

（一）力量素质训练的心理因素

高校学生想要增强力量素质，就必须重视肌肉感觉和意志品质的培养。发展力量素质，需要高校学生高度集中的注意力、良好的情绪控制能力及坚韧的意志品质。此外，高校学生也要具有自我控制、自我暗示、自我刺激、自我命令等技能。

（二）速度素质训练的心理因素

要想提高速度素质，根本方法就是最大限度地缩短从开始接受信息到做出应答动作所花费的时间、缩短完成单一动作花费的时间、加快动作频率。上述活动都与训练者感知的准确性、做出应答的反应时间及注意等有关。

（三）耐力素质训练的心理因素

活动引起的疲劳在被克服的过程中会使耐力素质得到发展，其中活动中产生的疲劳感既可能是由内部肌肉和器官引起的，也可能是由单调的重复性工作引起的。因此，要想提高高校学生的耐力素质，就必须提高他们的意志品质，如注意力和意识的控制能力、明确的心理定向、自我激发、自我命令等。

（四）灵敏素质训练的心理因素

灵敏素质的表现和完成专项运动的熟练程度是紧密相关的。灵敏素质主要包括反应客体的准确性、运动记忆能力的好坏、观察力的好坏等。此外，应变能力、协调能力、适应能力的提高有利于机体灵敏素质的提高。

（五）柔韧素质训练的心理因素

柔韧素质需要人们进行长期的努力训练才能够逐渐发展并趋于稳定，在训练的过程中身体常常会出现疼痛感，但停止训练后这些疼痛感很快又会消退。所以，要想使柔韧素质得到发展，就必须有耐心、有毅力，只有树立明确的目标，保持坚强的意志，再加上长期坚持不懈的努力，才能获得良好的训练效果。

第三节 体能训练的营养学基础

一、营养素基本知识

营养素主要包括糖类、油脂、蛋白质、矿物质、维生素及水等，它们对大学生体能训练起着极为重要的作用。下面分别对这几种营养素进行简单的介绍。

（一）糖类

糖类的主要构成成分包括碳、氢、氧三种化学元素，因此糖类也常被称作碳水化合物。根据糖类分子结构存在的差异性，可以将糖类分成三大类：包含半乳糖和葡萄糖的单糖；包含蔗糖、乳糖、麦芽糖的双糖；包含淀粉、纤维素和糖原的多糖。

1. 糖类的营养功能

糖类的营养功能主要包括以下几点：糖类可以提供维持机体正常生理活动的能量；糖类可以促进肝脏代谢，从而起到保护肝脏的作用；糖类可以促进蛋白质的有效利用与吸收；足量的糖类有抗生酮的作用，可以减少酸中毒的发生；糖类可以构成组织与细胞，且在其中发挥着重要作用。

2. 糖类的食物来源与适宜摄入量

在人们的日常饮食中，很多食物都包含糖类，它们基本上可以满足人们正常的生理功能需要。例如，米、面、土豆、牛奶、水果、蜂蜜、糖果等都含有丰富的糖类。其中，在谷类的营养成分中，糖类所占比例达到 70%～80%，薯类中的糖类占到 15%～29%。一般来说，糖类的摄入量需要占到人体所需总热量的 60%～70%。

3. 糖类与体能训练

糖类是体能训练中最重要的能量来源，它在很大程度上对人体的运动能力产生影响，这主要体现在能量的代谢过程中。人们在进行体能训练时对糖类的需求量会大幅增加。一般来说，储备糖原的量越大，人体的运动能力也就越强。

在进行运动之前，要充分补充糖类，在运动前一周或者比赛前 1 小时～4 小时需要补充适当的有利于吸收的低聚糖；在运动的过程中补充糖类要遵循少量多次的原则，每隔 20 分钟左右就可以补充 20 克糖；运动之后也要及时补充糖类，一般 24 小时内需要补充的糖应该达到 9 克 / 千克体重～16 克 / 千克体重。

（二）油脂

油脂分为油和脂肪，而脂肪的主要成分包括碳、氢、氧等，它是人体的重要组成成分，在人体内发挥着非常重要的作用，是保证人体健康的物质，下面主要介绍油脂中的脂肪。

1. 脂肪的营养功能

脂肪的营养功能主要包括以下几点：脂肪可以为机体提供正常生理活动所需的能量；脂肪可以保持人体体温，还可以对内脏器官起到良好的保护作用。

2. 脂肪的食物来源与适宜摄入量

脂肪的主要来源是动物性食物，如猪油、牛油、羊油、蛋黄等，此外，一些植物性食物中也包含比较多的脂肪，如花生、大豆、芝麻等。一般情况下，人体每天摄入 50 克左右的脂肪就能够满足正常需求，脂肪的摄入量以占到人体所需总热量的 17%～20% 最合适。

3. 脂肪与体能训练

在供氧充足的条件下，人体长时间进行体能训练的主要能量来源就是脂肪。有氧运动可以有效预防心血管疾病，同时还可以减少机体内脂肪的含量，从而实现减肥的效果。体能训练水平会影响到机体氧化脂肪的能力，通过耐力素质训练，可以有效改善机体内脂肪代谢酶的活性，进而有效提高机体氧化脂肪的能力。

（三）蛋白质

蛋白质的主要成分包括氧、碳、氢、氮四种元素，蛋白质是一切生命的基础。构成人体的基本单位是细胞，而细胞的主要构成成分就是蛋白质。根据食物蛋白质的营养价值，可将蛋白质划分为完全蛋白质、不完全蛋白质和半完全蛋白质三大类。

1. 蛋白质的营养功能

蛋白质的营养功能主要包括以下几点：蛋白质是构成和修补机体组织的基本物质，可以保证机体的正常生长发育；在脂肪、糖类不能为机体提供充足的能量时，蛋白质可以提供一定的能量来补充机体的能量需求；蛋白质可以提高机体免疫力，从而使机体对病毒与细菌的抵抗力得到增强。

2. 蛋白质的食物来源与适宜摄入量

蛋类、豆制品、乳制品、肉类（猪肉、牛肉、鸡肉）、鱼、坚果（杏仁、花生）等食物中都富含蛋白质。通常动物性蛋白质比植物性蛋白质对人体更好一些。受到锻炼者年龄、训练强度等因素的影响，不同锻炼者的蛋白质摄入量会有所不同。一般来说，蛋白质的供给量需要达到人体所需总能量的11%～14%；为了保证儿童与青少年能够正常生长发育，其蛋白质供给量需要达到人体所需总能量的13%～14%；成年人的蛋白质供给量达到人体所需总能量的11%～12%就能够满足正常的生理活动。

3. 蛋白质与体能训练

机体的运动能力受蛋白质的影响比较大。通过体能训练，机体的代谢能力会提高，运动能力也会增强。但是一旦出现蛋白质摄入不足的情况，不仅会影响到体能训练的效果，严重的话还会引起一些运动性疾病；如果蛋白质摄入过量，会影响到肌肉的功能，进而导致机体代谢过程紊乱。所以，在进行体能训练的过程中，必须注意蛋白质摄入量。一般来说，体能训练者的蛋白质摄入量应该占到总热量的15%～20%，以1.8克／千克体重～2克／千克体重的标准为宜。

（四）矿物质

矿物质也叫作无机盐，主要分为两大类：一类是需求量较大的无机盐，如钠、镁、钙、磷、氯、钾等常量元素；另一类是需求量较小的无机盐，如锌、铁、铜、碘等微量元素。

1. 矿物质的营养功能

矿物质的营养功能主要包括以下几点：矿物质是构成机体组织的重要成分；矿物质可以保持机体内的酸碱平衡；矿物质可以维持机体的生理功能。

2. 矿物质的食物来源与适宜摄入量

钙、铁、锌是三种对人体非常重要的矿物质，其食物来源及适应摄入量如下所述。

钙的主要食物来源是奶与奶制品。成年人每天钙的需求量是0.6克～1克，儿童、少年、老年人及孕妇每天对钙的需求量比较大，通常为1.2克～1.5克。

铁的主要食物来源包括动物内脏（尤其是肝脏）和血液、鱼、肉类。通常情况下，成年男性每天需要摄入的铁元素的含量是8毫克，女性是18毫克，孕妇以及哺乳期的妇女对铁的需求量比较高，能够达到每天27毫克。

锌的主要食物来源是牡蛎、红肉、家禽、奶酪等，其中牡蛎锌含量最为丰富。通常情况下，成年人每天只需要摄入10毫克～15毫克的锌就足够了，孕妇和哺乳期的妇女对锌的需求量比较高，能够达到每天 20 毫克。

3. 矿物质与体能训练

人体内的矿物质有利于机体内的电解质保持平衡状态。一般情况下，人体内的电解质相对来说处于比较平衡的状态，短时间的激烈运动基本上不会使体内电解质的平衡状态产生较大的变化。但若在高温环境下进行长时间的训练，人的体温就会增加，这时人体会通过排汗的形式对体温进行调节，这会使体内的电解质大量流失。因此，为了使人体内的电解质保持恒定的状态，训练者要注意适量补充矿物质，避免产生生理生化功能障碍，从而影响其运动能力。

（五）维生素

维生素也叫作维他命，是维持机体健康的一种必需营养素。目前被世界公认的维生素有 14 种，主要分为两大类：一类是水溶性维生素，包括维生素 B 族、维生素 C 族；另一类是脂溶性维生素，包括维生素 A、维生素 D、维生素 E、维生素 K 等。

1. 维生素的营养功能及其主要食物来源

对人体来说比较重要的维生素有以下几种，它们的营养功能及主要食物来源如下。

维生素 A 主要有维持正常视力、增强免疫力、促进成长与发育等功能，其主要的食物来源包括动物肝脏、蛋、深绿色的蔬菜、红色或黄色的水果等。

维生素 B1 的功能主要是有效促进人体能量代谢并生成三磷酸腺苷，其主要的食物来源包括小麦胚芽、花生、大豆、里脊肉等。

维生素 C 的功能主要是抗氧化、预防心血管疾病、提高免疫力，其主要的食物来源包括柑橘类、谷类、叶菜类等。

维生素 D 的功能主要是促进钙、磷等元素的吸收与利用，以及强健骨骼、牙齿等，其主要的食物来源包括蛋、深海鱼、乳制品等。

维生素 E 的功能主要是抗氧化，其主要的食物来源包括奶、蛋、食物油等。

2. 维生素与体能训练

维生素对体能训练者起着十分重要的作用，它可以维持机体正常的生理活动。一旦人体没有摄入足够的维生素，体能训练者的耐受性就会降低，体能训练就不能顺利进行。但是，需要注意的是不能盲目补充维生素，体能训练者在补充维生素时要考虑到运动负荷及其自身的技能水平，然后有针对性地补充适量的维生素。

（六）水

水不仅是人们赖以生存的重要物质，也是人体内含量最多的成分。人体内水的含量占到人体体重的2/3。当人体缺水时，人体的生理功能就会受到影响，没有水，人们也就不能生存了。

1. 水的营养功能

水的营养功能主要包括以下几点：水参与人体正常的代谢；水可以对人的体温进行调节，维持人体正常的体温；水可以较好地维持人体的血容量，维持脏器的形态与机能；充足的水分可以使身体内的细胞处于湿润状态，从而保证腺体的正常分泌。

2. 水的食物来源与适宜摄入量

人体所需的水的主要来源是食物和饮料。一般来说，成年人每天需要补充2 000毫升～2 500毫升的水，但是根据年龄、气候以及运动强度等的不同，人体具体需要补充的水量要视情况而定。

3. 水与体能训练

人体的体温会随着体能训练而升高，这时人体会通过大量排汗来调节体温，这会造成人体内水分的大量流失，严重的话还可能出现脱水的症状。

所以，高校学生在进行体能训练的过程中要适时适量的补充水分。具体要做好以下几点：第一，要注意补充水分的时间，如果出现脱水就要立刻补充水分，这有利于运动能力的快速恢复；第二，补充水分的量要适宜，要遵循少量多次的原则。

二、不同体能素质训练的营养特点

由于力量素质训练与速度素质训练的营养特点的相似性，以下将具体介绍力量、速度素质训练的营养特点，耐力素质训练的营养特点，灵敏素质训练的营养特点，以及综合素质训练的营养特点。

（一）力量、速度素质训练的营养特点

力量、速度素质训练类运动项目，如短跑、短距离游泳、投掷等，它们具有运动强度大、运动中有间隙、无氧供能等特点。据此分析可知，力量、速度素质训练的营养特点主要体现在以下几个方面。

第一，我国建议力量和速度类项目训练者蛋白质的供应量每天应该达到2克／千克体重，其中1/3应该属于优质蛋白质。由于肌肉对蛋白质的需求量比较大，尤其是在训练的初期阶段，所以必须增加蛋白质的供给量，同时也要保证维生素B1、维生素C、碳水化合物、钙、铁等的供给。一些摔跤、举重训练者在减轻体重后会出现脱水的情况，必须及时进行补水，使心血管功能得到重建。

第二，为了提高高校学生的运动能力，要增加高校学生体内磷酸肌酸的储备量。

第三，肌糖原自身并不是力量爆发或冲刺性运动的限制性因素，但是如果其储备量持续性减少，高校学生的最大运动能力会减少10%～15%，所以，保持适当的摄糖量是维持日常高强度训练的重要举措。

（二）耐力素质训练的营养特点

耐力素质训练类运动项目，如长跑、马拉松、长距离自行车、长距离游泳等，它们具有运动时间长、运动强度小、运动中无间隙、以有氧代谢为主等特点。据此，耐力素质训练的营养特点主要体现在两个方面。

第一，人体除需要充足的糖类供给以增加人体内糖原储备之外，还要摄入蛋白质、维生素、铁等营养素，这不仅有利于促进血红蛋白的合成，使血红蛋白数量保持正常水平，预防缺铁性贫血，还有利于保障血液的输氧量，使耐力素质训练的效果得到增强。

第二，在耐力素质训练中人体会排出大量的汗，人很容易出现脱水的情况，因此，在运动前、运动中及运动后都要进行适量水分的补充，以维持人体内环境的稳定。运动过程中人体流失的电解质可以在运动后得到补充，维生素B族、维生素C的供给量也需要随着能量消耗的增加而增加。

（三）灵敏素质训练的营养特点

灵敏素质训练类运动项目要求机体具有较高的协调性，同时还要保持神经系统的紧张，此外，高校学生为了完成高难度动作会对自己的体重进行控制，因此，高校学生在平时的膳食中要重视对蛋白质、维生素B1和磷的补充，但不宜摄入过多的脂肪，避免影响到自身的体重和体脂。在减体重期间，要使蛋白质的供给量增加到总能量的18%，维生素B1的供给量应达到每天4毫克，维生素C的供给量达到每天140毫克。此外，选择击剑、乒乓球等运动项目的高校学生由于需要经常保持视力紧张，因此他们要保证维生素的A的充足摄入量。

（四）综合素质训练的营养特点

篮球、足球、排球等运动项目具有运动强度大、能量消耗大、多变等特点，这就要求从事这类运动项目的高校学生具有速度、力量、耐力、灵敏等多方面的综合素质。综合素质训练的营养特点主要体现在以下几个方面。

第一，按照高校学生运动负荷的大小，保证充足的能量供应。

第二，膳食结构必须全面且保证营养平衡。

第三，高校学生的膳食要以高碳水化合物为主，与此同时，高校学生也要及时进行水的补充。

具体而言，综合素质训练项目的训练者在进行营养补充时，主要采取以下措施：在运动之前 3 小时～4 小时的饮食以高碳水化合物为主；在进行长时间的训练或者比赛之前，每隔 20 分钟需要补充 150 毫升有科学配方的运动饮料；为了加速糖原储备的恢复，要在运动结束后立即补充 50 克的糖，之后每隔 1 小时～2 小时再次进行糖的补充，直到下一餐；为了得到充分的复水合状态，可以饮用含糖电解质的饮料，其补充量要达到训练者体重减轻量的 150%。

三、营养补充的原则

对于经常进行体能训练的人而言，如果他们在运动过程中所消耗的大量营养物质得不到及时的补充，运动后的疲劳感就不能及时消除，那么他们的身体就会处于一种“亏损”的状态。因此，人们可以利用食物对消耗的能量和营养物质进行补充，具体需要坚持以下四个原则。

（一）营养成分的全面均衡性原则

要想使膳食营养的合理性得以实现，就必须保证营养成分的全面均衡。需要注意的是，营养搭配要因人而异，补充营养的过程要持之以恒。

为了满足人体正常的生理需要，人们的日常饮食应包括水、蛋白质、糖类、脂肪、膳食纤维等营养素。但是，因为自然界中没有任何一种食物包含了人体所需的所有营养素，所以我们要对各种食物进行搭配，最终组成营养素种类齐全且比例合适的饮食。

《中国居民膳食指南（2022）》根据各种食物的营养特点，将食物划分成以下五大类：第一类是谷薯类，它们是我国饮食中热能的主要来源，主要为人体提供糖类、蛋白质、维生素 B 族等；第二类是畜禽鱼蛋奶类，主要为人体提供蛋白质、脂肪、矿物质等；第三类是大豆和坚果类，主要为人体提供蛋白质、脂肪、膳食纤维等；第四类是蔬菜水果类，主要为人体提供维生素 C、膳食纤维和胡萝卜素等；第五类是动植物油脂、酒和食用糖等纯热能食物类，主要为人体提供热能。人们应该对这五类食物进行合理的搭配，使各种营养素之间保持平衡，同时注意摄入营养素的量要适宜。

（二）营养成分的互补性原则

没有任何一种食物可以包含所有的营养成分，因此，如果想要满足机体的需要，就必须对各种食物进行合理的搭配，从而使它们的营养成分互补。营养成分的互补性原则要求我们在选择食物时要注意多样化。五大类食物的特点各不相同，其营养成分和生理功能也有所区别，因此不能长期只吃一类或一种食物。总体而言，人们每天的膳食中应包含所有的五大类食物，同时也要经常改变某一类食物的种类。

（三）营养补充的阶段性和特殊性原则

人们在生长发育的不同阶段对营养的需求是不一样的，这主要体现在营养成分的数量和种类上。在青少年生长发育的时期，要想保证各种营养成分的摄取，就要在食物种类和数量上进行优化，保持营养的全面与均衡；老年人为了延缓衰老、防治高血压和骨质疏松等老年疾病，一方面要注意补充钙质和钠盐的摄入量，另一方面要注意食用蛋白质和维生素含量较高，脂肪和热量含量低的食物。

此外，对于一般的体能消耗而言，日常的膳食就足够了，但对于有特殊体能消耗的人来说，在日常的膳食之外，还要适量增加某种营养成分的供给。例如，参加体能训练的高校学生在运动的过程中会排出大量的汗液，这会消耗身体中大量的水、矿物盐等，而且根据高校学生的性别、年龄、运动强度及季节温度的不同等，需要在高校学生的膳食和饮料中给予一些特殊的营养补充，这是保证其锻炼效果的必要物质基础。

（四）饮食制度的合理性原则

饮食制度既要遵循人体生理活动的基本规律，也要符合个人的饮食习惯与人体发育和发展需求。通常来说，人们对日常三餐的热能分配是早餐与晚餐各占 30%，午餐占 40%。但是在实际生活中，许多人并不重视早餐，而且晚餐会吃得很多，这是不合理的。对于上午有较多体能训练的高校学生而言，他们需要消耗大量的脑力和体力，对热能的需求量其实很大，而不吃早饭或早饭的摄入量较少且质量不高的话，就容易造成高校学生体内的血糖下降、注意力不集中，这不仅会影响到高校学生体能训练的效果，长此以往还会对身体健康产生不良影响。由于人体内的血脂浓度在饭后会增高，而吃完晚餐后过一段时间就要睡觉，睡眠中人体的血流速度会变慢，这会使大量的血脂沉积在血管壁上，很容易造成血管硬化，长期如此也会对身体健康产生不良影响。所以，一定要重视饮食制度合理性原则。

第四章　体能训练的实施过程

体能训练的概念最初在欧洲出现，从最早提出体能训练概念的时间算起，其已经有两百多年的历史。因此，现代体能训练已经发展为一门系统的学科，它的研究越来越深入，理论成果丰硕。在实践方面，体能训练更是现代竞技体育发展的重要组成部分。本章内容包括体能训练的原则与要求、体能训练计划的制定与实施两个方面。

第一节　体能训练的原则与要求

体能训练是一个专门的身体训练的过程，在对高校大学生进行体能训练时，必须遵循体能训练的原则和要求，只有这样才能达到科学化训练的目的，也能在一定程度上减少身体上的运动损伤。

一、体能训练的原则

科学化的体能训练必须遵循体能训练的原则，体能训练的原则分为基本原则和具体原则，下面将一一进行阐述。

（一）体能训练的基本原则

1. 自觉性原则

在进行体能训练之前，教师必须对学生进行必要的思想认识教育，使学生意识到体能训练的重要意义，帮助学生摆正训练态度，提高学生的自觉性和积极性，以促使学生能够自觉、刻苦地投入体能训练中，学习和掌握体能训练的相关知识、技能，并能在专项运动中加以运用。如果学生对体能训练没有正确的认识，就会缺乏训练的主动性和积极性，可能不会将体能训练付诸实际行动，这会影响训练的效果。

2. 从实际出发原则

学生的性别、年龄、身体素质和运动能力各不相同，在对他们进行体能训练之前，教师必须坚持从实际出发的原则，根据学生的健康状况、身体素质、意志品质、接受能力等具体情况合理地设计体能训练的内容，合理地安排不同学生的体能训练任务，做到因地、因人、因时的对学生进行有针对性的训练。只有这样，才能使体能效果更具目的性和有效性。

3. 全面发展原则

在对学生进行体能训练时，要坚持全面发展的原则。这要求体能训练内容要全面和多样，以保证学生的身体各部位、各器官系统、基本活动能力等都得到全面的训练和发展。教师在设计体能训练方案时，不仅要合理安排训练的强度和进度，各个训练项目的搭配和组合也要多种多样，要充分利用各种方法和手段，保证学生身体素质的全面发展。

4. 结合专项原则

坚持结合专项原则是指在进行一般体能发展的基础上，要结合专项运动的技术、战术、专项特点等有针对性地发展学生与专项运动相适应的运动素质，从而促使学生能够在专项运动中取得更优异的成绩。一般体能训练是专项体能训练的基础，但是体能训练也不能只注重一般体能训练而偏离专项体能训练，在体能训练的过程中，一般体能训练要与专项技术战术相结合，这不仅有利于全面提升学生的运动能力，还有利于提高学生的专项运动成绩。

5. 循序渐进原则

体能训练的循序渐进原则要求教师在对学生进行体能训练时，要遵循由简到繁、由易到难、由小到大等的规律来合理安排训练内容和训练负荷等。只有坚持不断深化、不断提高的训练顺序和规律，才能保证体能训练发挥应有的作用。

6. 持之以恒原则

学生在经过体能训练之后其运动能力会得到一定的提高，但这并不是永远保持不变的。如果不能坚持持之以恒的原则，长时间停止了体能训练，学生之前所获得的运动能力也是会逐渐下降甚至消失的。因此，要想保持学生的运动能力并使其在此基础上获得进一步的提升，必须使体能训练保持常态化，持之以恒。

（二）体能训练的具体原则

下文将从力量素质、耐力素质、速度素质、灵敏协调素质这几个方面介绍体能训练的具体原则。

1. 以力量素质为核心

肌肉力量是一切运动能力的原动力，对人的体能来说具有十分重要的意义。肌肉运动是在人体神经系统的支配下肌肉进行收缩与放松的运动，肌肉力量直接影响了人体各项运动素质的发展。因此，在体能训练中，要将力量素质作为核心训练内容。具体需要做好以下几个方面的工作。

（1）系统全面性训练

在对肌肉力量进行训练时，首先要选择合理的训练方法，然后要注意训练的全面性，不仅要对大肌肉群和主要肌肉群进行训练，也要兼顾小肌肉群和远端肌肉群。只有这样，才能使全身的肌肉协调同步发展。如果全身的肌肉不能同步发展，不仅不利于学生运动能力的提升，而且还容易使其在运动中发生运动损伤。

（2）结合专项进行训练

力量素质的训练还要结合专项运动进行，根据不同运动项目的具体需要，有针对性地发展力量素质。只有这样，才能提高学生在专项运动中的力量水平。不同专项运动需要重点发展的力量素质如表 4-1-1 所示。

表 4-1-1　不同专项运动需要重点发展的力量素质

专项运动	重点发展的力量素质
投掷类运动	最大力量、爆发力
短跑、跳跃类运动	快速力量、相对力量、爆发力
长跑类运动	力量耐力

2. 以耐力素质为基础

任何运动项目对高校学生的耐力素质都有一定的要求，尤其是长跑、足球、马拉松等需要长时间进行的体育项目，这些项目对高校学生耐力素质的要求更高。因此，体能训练要以耐力素质训练为基础。具体需要做好以下几个方面的工作。

（1）提高呼吸质量

在运动中，提高呼吸的频率、加深呼吸深度能够有效地帮助高校学生提升摄氧量。因此，提高高校学生的呼吸质量和呼吸效率，培养其以深呼吸为主的供氧能力，使其掌握协调呼吸节奏与动作节奏的方法，能够帮助高校学生在运动中节省体力，提升身体耐力。

（2）将有氧训练作为基础

将有氧训练作为耐力训练的基础，先进行有氧耐力训练，增大高校学生的心脏容积，提升心脏每搏输出量，然后就可以进行无氧耐力训练了。

（3）结合专项需要

不同的运动项目对耐力素质的需求是不一样的，因此，进行耐力素质训练要结合专项运动需要，运用不同的训练方法。对于中长距离的田径运动项目来说，其具有运动时间长、负荷相对较小的特点，在对从事这类运动的高校学生进行耐力素质训练时主要进行有氧耐力训练；对于短距离的田径运动项目来说，其具有运动时间短、负荷相对较强的特点，在对从事这类运动的高校学生进行耐力素质训练时则主要进行无氧耐力训练。

3. 以速度素质为灵魂

速度素质在运动能力中是最重要的，尤其是当前许多竞技比赛，如赛跑、游泳等都是按照速度的快慢决定比赛胜负的。速度素质包括反应速度、移动速度、起跳速度等，在体能训练中，要以速度素质训练为灵魂，将其作为重中之重进行训练。具体需要做好以下几个方面的工作。

（1）全面培养运动能力

从一定程度上来说，速度素质能力是一项具有综合性质的能力，速度素质能力的形成受到多种因素的影响。因此，教师在对学生速度素质进行训练的同时也要注重全面培养学生的运动能力。因为学生的力量、爆发力、协调性等都会影响其速度，所以全面提升运动能力可以促进学生速度素质的提高。

（2）合理安排运动计划

速度素质的训练通常具有强度大、对身体刺激较强等特点，进行速度素质训练对学生的神经和肌肉系统的要求很高，为了保证训练的科学性，教师要合理地制订运动计划，其间需要特别注意以下两点：

第一，选择合理的运动时间，要尽量选择学生体力充沛、运动欲望较强的时间段进行训练，这有利于提升训练效果。

第二，合理安排运动负荷，训练的时间和间歇的时间安排也要合理，以免学生因严重疲劳而出现运动损伤。

（3）紧密结合专项特点

体能训练会通过多种不同的动作结构进行，从这种训练中获得的速度素质一般不会在专项运动中明显地体现出来，因此，在进行速度素质训练时一定要结合专项运动，紧密结合其特点，有针对性地制订速度素质训练方案，只有采用正确合理的手段和方法，才能获得良好的训练效果，才能有助于学生在专项运动中获得优异的成绩。

4.以灵敏协调素质为保证

学生具有良好的灵敏性和协调性，有助于其在运动中能够迅速、准确、流畅地完成各种动作技术，对学生所从事的运动项目技能的形成和发展具有十分重要的意义。如果学生的灵敏性和协调性不高，就很难达到较高的运动水平，如在健美操运动中，只有拥有较高的灵敏性和协调性，学生才能展现出优美的动作和高超的运动水平。因此，灵敏协调素质的训练也是非常重要的，在具体的训练实践中，要做好以下几个方面的工作。

（1）合理安排训练的时间

要合理选择灵敏协调素质训练的时间。当学生进行了大量运动后，他们的运动兴奋性已经大大削减，此时他们是不适合进行灵敏性和协调性训练的。另外，在进行灵敏协调素质能力训练时，练习的次数和时间不宜过长，练习过程中也应合理地安排间歇，否则不利于获得理想的训练效果。

（2）注意结合年龄的特征

人的体能主要指标的增长是具有一定年龄特征的，人的灵敏性发展的最佳年龄段是6～13岁，协调性发展的最佳年龄段是5～12岁，而高校学生处于18～22岁的阶段，虽然灵敏性和协调性发展已经错过了最佳的年龄阶段，但是处于青春发育后期，灵敏性和协调性还有一定的发展空间。在对其进行训练时，一定要根据高校学生的年龄特征进行有侧重的训练。

二、体能训练的要求

（一）一般训练和专项训练分配要合理

一般体能是专项体能的基础条件，一般体能的训练可以为专项体能的训练奠定良好的基础。但一般体能训练还是不能代替专项体能训练的，当学生在专项运动中想要获得更进一步的发展时，只有发展专项体能才能提高专项运动的能力和成绩。因此，在对学生进行体能训练时，教师一定要根据学生的运动发展水平和能力合理安排一般体能训练和专项体能训练，使学生的身体素质和专项运动成绩都能得到提高。

（二）要注意突出体能训练的重点

在体能训练的过程中，要注意突出体能训练的重点。在进行专项体能训练之前，必须先全面发展学生的体能素质，为专项训练的深化打下良好的基础。但是，在全面发展体能素质的同时，也要根据学生的具体情况和专项训练的体能需要因人而异、因地制宜地安排训练内容，突出训练的重点和侧重点，使体能训练能够全面而有重点地进行。

（三）要紧密结合专项运动的特点

在对高校学生进行体能训练时，要紧密结合学生从事的运动项目的专项体能训练需求，从而使学生的体能素质能够与其专项运动有机结合起来，帮助学生在进行专项运动时能通过技术战术充分发挥已经获得的运动能力的作用。专项体能训练的内容安排和训练方法的选择，一方面要突出专项运动的特点，在表现形式上尽量与专项技术动作保持一致；另一方面要将身体训练的生物学特征充分考虑进去，只有这样，才能使体能训练的效果在专项运动的训练和比赛中体现出来。

（四）训练要配备系统的评价系统

体能训练要配备系统的评价系统，就是要定期或者不定期地对学生体能训练的成果进行检测，对学生的体能训练的成果进行总结和评价。将数据量化的分析内容和评定结果反馈给学生，一方面可以使学生明确自身是否达成了体能训练的目标，明确自身的运动素质和能力是否已经达到了专项运动的标准，另一方面还可以使学生根据评价结果找到自己在体能训练中的不足之处，并有针对性地对自身的不足进行完善和提高。系统的评价能为学生的体能训练提供科学化的指导，能够在一定程度上避免学生盲目训练。

第二节　体能训练计划的制定与实施

在各种运动项目中，体能训练都发挥着极为重要的作用，而体能训练计划的制定与实施，不仅能够保证教师顺利完成训练任务，实现训练目标，还有利于训练者稳定并提高运动成绩，保持良好的身心状态。

一、体能训练计划概述

体能训练计划指的是教师按照训练者的体能状况确定体能训练的目标，并根据体能发展的训练理论和内在规律要求，把训练者的体能从现实状态有效转移到目标状态，从理论上预先对体能训练内容进行的设计与安排。

体能训练计划贯穿于整个训练过程中，对于各类运动项目的训练者来说，制定和实施科学完善的体能训练计划，有利于实现训练的科学化，合理的训练计划可以将体能训练融入整个训练计划之中，对培养高水平的加训练的学生具有非常重要的作用。

（一）体能训练计划的特点

体能训练计划主要包括以下几个特点。

1．全面性

当今社会，竞技体育高速发展，单一或者几个身体素质的优劣已经不能作为训练者体能高低的决定因素，多种身体素质相互配合、相互协同才是其决定因素。在我国，为了使训练者的竞技能力得到全面提高，国家对训练者体能训练的范围进行了全面的拓展。所以，高校体育教师在制定体能训练计划时，对学生各项身体素质的要求需全面化、一体化、科学化。

2．针对性

在制定体能训练计划时，既要注重体能训练计划的全面性，也要兼顾个人身体素质优势或者个别项目所需的主要身体素质优势。这种有针对性的体能训练，既可以使参训者保持较高水平的总体竞技能力，也可以使参训者的竞技能力有爆发点。

3．系统性

体能训练的各个构成要素之间是相互联系的，要想使参训者的体能得到全面且稳定的增强，就必须保证训练的系统性。无论是宏观的体能训练计划，还是微观的体能训练计划，都必须体现出体能训练系统性的特征。

人体作为一个稳定的生物系统，有其特有的自然生长发育规律，具体来说，就是在进行体能训练的过程中，参训者的机体会对训练产生生物适应性，它可以使人体向着有利于自身运动能力提高的方向发展，使人体生物系统在特定的规律下发生转变，所以体能训练需要呈现出系统性的特征。

4．阶段性

在制定体能训练计划的过程中，要根据体能训练的具体任务、具体对象和具体时间来划分体能训练阶段。这些阶段可以按照如图 4-2-1 所示的方式进行划分。

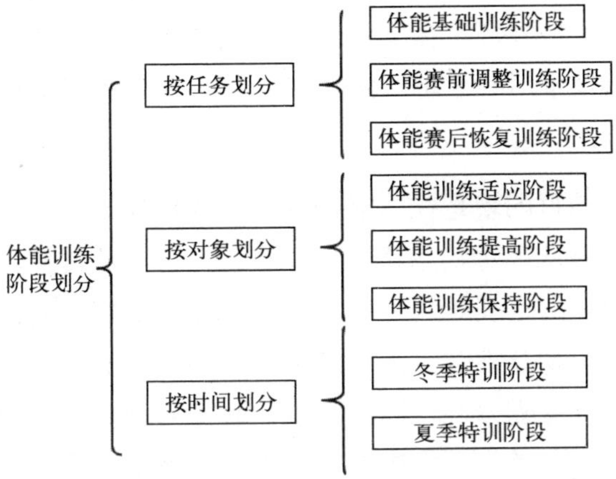

图 4—2—1　体能训练阶段划分

5．动态调整性

体能训练目标的实现受到各种因素的影响，这些影响主要分为主观影响和客观影响。

主观影响主要包括训练者的身体条件和参加训练的态度变化，教师的执教强度和理念等。

客观影响主要包括竞争对手的体能状况，竞赛规则的变化，竞赛的时间安排，竞赛场地与器材的特点等。

由于主观条件与客观条件的改变都会影响到体能训练目标的实现，所以，在制订体能训练计划时，要及时、准确地把握与体能训练各方面相关的主客观影响因素，这样一方面可以根据具体的情况对体能训练计划的内容进行动态的微调整，从而保证体能训练目标的实现，另一方面也凸显了动态调整性的关键作用。

（二）体能训练计划的基本内容

每一份体能训练计划中都应该包括准备性部分、指导性部分、实施性部分和控制性部分四方面内容。

1．准备性部分

先期准备工作是制定任何计划都不可缺少的重要环节，体能训练计划的制定也不例外。在体能训练计划中，准备性部分内容的好与坏，会对体能训练计划是否可以顺利实施或体能训练预期参训的目的是否可以实现产生直接的影响。

体能训练计划的准备性部分主要包括以下五个方面的内容：参加训练的训练者实际体能状态的调查诊断；体能训练教师人选的确定；体能训练场所及器材的安排；体能训练后勤生活的安排；体能训练医疗的安排；等等。

2. 指导性部分

体能训练计划的目的就是在体能训练教师的指导下，训练者根据既定的体能训练计划使自身体能从现实状态朝着目标状态进行有效转移，最终使自身整体的竞技能力得到提升。由此可知，体能训练计划离不开教师的指导。

体能训练计划的指导性部分主要包括以下四个方面的内容：教师根据训练者的不同特点将体能训练划分成不同的阶段；教师对训练者进行指导，制定出科学合理的体能训练目标；教师划定体能训练内容的范围；教师对训练者体能训练负荷动态变化的趋势进行指导。

3. 实施性部分

体能训练的实施性部分既是组成体能训练计划最为重要的一部分，也是使训练者的体能发生直接变化的部分。实施性部分对体能训练的内容、时间、手段、方法、频率及负荷强度等都做出了具体的安排，其制定和实施都会对训练者的体能变化产生直接影响。

体能训练的实施性部分主要包括以下六个方面的内容：确定体能训练实施的具体内容；选择体能训练的最佳手段、方法、时间和频率；确定不同体能训练者的具体训练负荷强度；保障训练者体能训练后的营养与恢复；对训练者的训练效果进行监测；对训练者进行激励性思想教育。

4. 控制性部分

在体能训练的过程中，教师会从训练者的训练中获取大量的信息，通过对这些信息进行合理分析利用，教师可以对体能训练的对象、过程和训练者的体能发展等进行不同程度的控制。此外，教师可以利用询问、观察、检测等手段了解体能训练的实际效果及其存在的各种问题，并找到出现这些问题的出现原因，然后对原来的体能训练计划进行调整和补充，并按照调整后的新体能训练计划对训练者进行指导，这就是体能训练的控制性部分。

体能训练的控制性部分主要包括以下三个方面的内容：利用询问、观察、检测等手段对实施体能训练计划的过程进行评价；补充和调整体能训练计划中的训练内容、目标、强度等；将体能训练计划与技术训练、心理智能训练有机结合起来。

（三）体能训练计划的意义

优秀的运动成绩都是训练者经过日复一日、年复一年的苦练换来的，这不仅需要训练者具备全面的技术水平与过硬的心理素质，还需要他们具备良好的体能，从而保证其在比赛中能够发挥出自己的真实水平。因此，在比赛场上，训练者想要取得好成绩就必须保证体能、技术、心理素质都过硬。而制定完善的体能训练计划并将其系统化地实施出来是实现科学化训练的重要途径。通过科学合理的体能训练计划，并在整个训练计划中融入体能训练，有利于培养具有较高运动能力水平的训练者。

二、体能训练计划的制订程序

体能训练计划的制定程序主要包括以下几部分内容。

第一，训练者接受入训体能状态调查诊断。

填写调查问卷与实际测量是确定训练者入训体能状态的两种主要形式。其中，调查问卷主要询问的是训练者的身高、体重、三围、是否参加过体能训练等内容；实际测量主要是利用不同的测量评定手段，全面测量训练者各方面的身体素质，如测量速度的短距离跑测试、测量力量素质的肌肉等动测试等。

第二，体能训练指导教师人选的确定。

应该根据体能训练的内容、目的和方法等科学地选择体能训练的教师，与此同时，根据训练者的不同需求，可以让训练者与体能指导教师双向选择，这有利于调动训练者参加训练的积极性。对体能训练教师而言，他们必须具备坚实的基本素质，只有这样才能更好地完成体能训练这项基础性非常强的训练任务。

第三，指导训练者科学合理地制定体能训练目标。

体能训练目标是对体能训练预期结果的规划，科学合理地制定体能训练目标是极为重要的。在制定体能训练目标时，要对训练者参加训练的状态、训练者的潜力等进行充分的考虑，然后按照周、月的时间节点制定出阶段性的体能训练目标并及时对其进行调整。需要注意的是，体能训练目标的制定要确保训练者在完成该目标时付出一定的努力，且通过自身的努力是能够完成的，这样才能真正提高训练者参加训练的积极性，同时也有利于提高教师指导方向的正确性，规范训练计划。

第四，对体能训练负荷动态变化的趋势进行指导。

只有使体能训练负荷呈现出动态上升的趋势，才能确保体能训练的良好训练效果，继而实现预定训练目标。

在体能训练的过程中，训练者的体能值会渐渐降低，不过在其休息之后就会渐渐升高，甚至超过原来的最高体能值，之后会在波动中逐渐恢复到原来的体能值。所以，当训练者的体能第一次恢复到最高体能值时，应该对他们进行第二次体能训练，只有这样才能保证训练者的最高体能值始终呈现出动态上升的趋势。

体能训练的动态变化具有不恒定性，因此，在安排训练者进行训练时，要根据训练者的体能变化适时改变训练的强度。在强度较大的训练初期，训练者的机体需要花费一段时间对训练进行适应，而判断训练强度和机体适应能力最简单且最有效的方法就是对训练者训练前后的心率进行对比。除此之外，填写训练日记，对训练者训练过程中的心率、跑动距离、训练强度等进行记录也有利于判断体能训练的强度。通过这些方式，训练者自己也能够观察到自身体能训练的特点，并据此判断和评估自己适合哪一种训练计划。在体能训练的过程中，训练的强度和持续时间决定了超负荷频率，要想使训练者的体能训练达到最佳训练效果，体能训练教师要对超负荷频率进行合理的安排。

第五，确定体能训练的具体内容。

体能训练中最重要的训练部分就是对训练者的身体素质进行训练。根据训练者对专项运动的不同需要，体能训练对速度、力量、耐力等素质的要求也有所差别。所以，教师在选择体能训练的内容时要坚持全面性和针对性，只有这样才能真正有效地提高训练者的竞技能力。与此同时，教师在选择体能训练的内容时还要尽可能与专项运动结合在一起，这有利于提高体能训练的性价比。

第六，选择体能训练的最佳训练方法及训练负荷。

科学有效的体能训练方法及适量的训练负荷是体能训练计划的重要内容，其中，科学有效的体能训练方法是对体能训练内容的具体实施，适量的训练负荷则会对训练者的机体形成良性刺激，有利于改善训练者机体的运动素质与生理机能。大量运动实践表明，适度增加运动负荷可以明显提高训练者的运动竞技水平。机体的劣变现象指的是当运动负荷超出了某种范围，超出了训练者的最大承受力时，训练者的机体就会产生劣变现象，其表现出的不适症候包括慢性体重下降、慢性肠功能紊乱、非受伤造成的关节和肌肉疼痛、全身性肌肉紧张、鼻塞与发冷、失眠、扁桃体和腹股沟淋巴结肿大等。

训练者的体能与训练中的运动负荷存在紧密联系。适度的运动负荷有利于维持和提高训练者的体能水平，而运动负荷无论是过高还是过低都会对训练者的体能造成负面影响。

第七，对体能训练计划的实施过程进行评价、补充和调整。

体能训练计划在实施过程中并不是始终不变的，通过对体能训练计划实施过程的评价、补充与调整，教师能够更加准确地对体能训练的实施过程进行把握，这有利于训练目标的实现。通过对体能训练的效果进行测量与评定，教师可以对训练者训练中的各种信息进行准确、客观地分析，这有利于及时调整体能训练计划的内容、方法和负荷等，从而可以更加科学合理地制订和实施体能训练计划。

第八，体能训练之后的营养与恢复。

体能训练会消耗人体大量的能量物质，如果不能及时、充分地恢复人体的能量物质，就会对第二次的体能训练效果产生很大的影响，严重的还会使训练者过度疲劳，体能下降，这会进一步影响预期训练目标的实现。与此同时，间歇时间的安排也有严格的要求，训练内容和方法的不同决定了对机体是否完全恢复的要求也不同。例如，在间歇时间补充体能量物质时要按照具体的体能要求，合理地摄入糖、水、矿物质等营养物质。

体能训练的恢复要做到合理有序。一般情况下，正常运动负荷之后的恢复是自然也是必然的现象；在训练的情况下，恢复过程就需要人为安排。恢复机制的启动并不是从训练结束之后开始的，在训练的过程中，损耗和恢复始终是紧密联系在一起的，只是在训练的不同阶段，二者的优势状态会有所不同。损耗和恢复都是一种状态，且都有一个过程。恢复过程主要包括部分恢复、完全恢复、超量恢复和累积恢复四个阶段。其中，超量恢复指的是在训练结束之后的某个时间段内人体能量补偿会超过原来的水平的一种现象；累积恢复指的是超量恢复在保持了一段时间之后没有完全退回到初始状态，而是在较长的一段时间内都保持在较高水平上的一种现象。只有正确认识体能训练恢复现象的规律，我们才能掌握体能训练与恢复的方法。

三、体能训练计划的制订原则

原则是人们对事物客观规律认识的反映，在制订体能训练计划的过程中需要遵循一定的客观规律。具体来说，体能训练计划的制定需要遵循以下几项原则。

（一）科学合理有效的原则

科学性原则是制订训练者体能训练计划首先需要遵循的原则，也就是说，在制订体能训练计划时，要将运动生理学、运动保健学及运动训练学的相关理论与研究成果作为重要依据，同时要按照训练者参与的运动项目的具体规则要求，制订出体能训练计划。

合理性原则指的是以训练者的实际身体情况为依据，按照人体生物适应性变化的客观规律，制订出体能训练计划。

有效性原则指的是以训练目标与竞赛需要为依据，按照客观实际情况选择体能训练的内容和频率等，制订出体能训练计划。

制订体能训练计划要坚持科学合理有效的原则，这就需要将体能训练、技术训练、战术训练和心理训练等紧密结合在一起，体能训练的内容要与技战术训练、心智训练紧密结合在一起，使体能训练贯穿在完整的训练计划中，这样才能科学合理有效地开展体能训练计划。

（二）全面安全系统的原则

全面性原则指的是全面提升训练者的体能，使训练者的竞技能力得到提高的原则。教师在制定体能训练计划时内容要尽量全面详尽，在加大对训练者体能弱项训练力度的同时也要使训练者的体能强项尽量保持在高水平状态。

安全性原则指的是在制订体能训练计划时要注意避免过度训练及大意训练给训练者带来的过度疲劳、身体损伤和心理抵触等负面影响，使体能训练的安全性得到提高的原则。

系统性原则指在制订体能训练计划时要充分考虑人体具有的生物适应的不稳定性、长期性和系统周期性。

构成体能训练计划中的各个要素之间都是紧密联系在一起的，所以，教师在制定体能训练计划时，必须对体能训练计划的内容和具体实施程序进行全面安全系统的考虑。

（三）因人而异的原则

训练者彼此之间会有一些相似的特点，但是他们也都有其各自独特的个性特点，这是教师进行体能训练时需要重视的一点。教师在制订各种体能训练计划的过程中必须对不同训练者的个体差异进行充分的考虑，要对不同训练者在体能素质上的不同要求与表现进行区别对待，遵循体能训练计划制订因人而异的原则。坚持因人而异的原则有利于体能训练计划在执行时能够更加灵活和有针对性，通过实施最适合训练者运动特点的体能训练，可以最大限度地展现出训练者的个人特点，进而使体能训练的效果得到提升。

此外，因人而异的原则在双人与小组体能训练计划的制订过程中起着极大的作用。在进行集体训练时，每一名训练者具有不同的特点，他们的优势和不足、心理思想和情绪也各不相同。所以，在制订具体的体能训练计划时，必须对每一名训练者的训练内容与训练强度进行区分。例如，即使在同一个体能训练组内，有些训练者可能需要重点提升手臂的爆发力，有些训练者则需要重点提升下肢的爆发力。总体而言，体能训练计划的制订必须坚持因人而异的原则。

（四）有机结合训练者完整训练计划的原则

训练者竞技能力的构成要素包括技能、体能、智能、战术、心理等多个方面，它们彼此之间紧密联系，相辅相成。因此，体能训练计划在制订的过程中必须将不同的训练计划有机结合在一起。体能训练计划在内容的选择方面可以更倾向于对训练者运动技能的提升，通过运动强度和运动频率的变化在一定程度上培养训练者吃苦耐劳的优秀品质。

总体而言，将体能训练计划与训练者整个训练计划有机结合在一起，可以切实提高训练者的竞技能力。

四、体能训练计划的实施

（一）体能训练计划的实施程序

在对体能训练计划的实施程序进行设计时，要明确训练计划实施的时间和顺序，并且要注意在实施过程中采取切实可行的体能训练方法。

在开始制订体能训练计划时，教师必须对参加训练的训练者在上一年度、季度、月份甚至前一周的体能状况与运动成绩进行了解。与此同时，可以通过问卷调查、访谈和测量等方式对训练者体能的实际情况进行评定，从而为制订体能训练计划做好准备。

在制订体能训练计划时，应该把具体体能训练计划和其他训练计划结合在一起。运动负荷的确定要遵循体能的适应变化规律及训练者自身的实际情况，然后对训练效果及时进行调整。

此外，在体能训练计划的实施程序中，还要注意每一次体能训练课的安排、每一周体能训练课的衔接，以及每一个月对体能训练课的综合考评和微调整等。

（二）实施过程中应注意的问题

1. 注意体能训练的组织形式

体能训练组织形式的确定主要参考的是体能训练的基本规律、体能训练计划大纲的要求、训练者的实际情况和训练的具体条件等。科学的体能训练组织形式有利于调动体能训练者的训练积极性、提高体能训练的实际效率、增强体能训练的效果等。

2. 注意体能训练计划的可控性部分

由科学研究及大量的运动计划实例可知，即使体能训练计划制订得再详细周全、再严密，在组织和实施体能训练计划的过程中也必然会由于各种各样的原因而需要对体能训练计划进行局部或者全局的调整。因此，教师在实施体能训练计划时要注意计划实施过程中可能出现的各种情况，并根据获得的信息及时做出客观、准确且有效的检测评定，以检测评定的内容和体能训练计划目标的要求为体能训练计划调整的依据。通过对体能训练计划进行有效调整，训练者体能可以顺利地从现实状态向目标状态进行转变，进而使体能训练计划的预定目标得以完成。与此同时，体能训练计划的可控性部分还可以对训练者在体能训练中产生的运动伤病与抵触心理起到预防作用。

3. 注意体能训练的阶段性和系统连续性

一节体能训练课与课后的体能恢复是一个最小单位的完整体能训练过程，是一个体能训练的小周期，所有的体能训练计划其实都是由数个这样的体能训练小周期构成的。但人们总是关注体能训练过程的阶段性，却对体能训练的系统连续性有所忽视。

在每一个体能训练小周期内，体能训练课开始之后训练者的体能就开始下降；当体能训练课结束时，训练者的体能就降到了最低点；在之后的恢复时间内，训练者的体能开始逐渐提高，直到在出现的超量恢复结束之后体能开始逐渐下降并恢复到原来的水平。因此，第二次体能训练小周期的开始时间应该是在上次体能训练产生的超量恢复的最高点上。当把每次体能变化的最高点连起来就可以看出，体能的变化具有明显的规律性：连线呈现出渐渐升高的趋势，这使得每个体能训练小周期可以有机结合。所以，必须重视体能训练的系统连续性。

4. 注意多种体能训练方式的有机结合

提高训练者的竞技能力是体能训练的最终目标，而竞技能力的提高需要协调训练者的技术、体能、战术、智能与心理等方面。所以，要将体能训练和其他训练有机结合，合理安排体能训练在训练过程中所占的比重及一般性体能训练与专项体能训练之间的比例。

需要注意的是，在将体能训练与其他训练进行结合时，要将技术训练融入体能训练中去。也就是说，体能训练内容的选择要与专项技术动作的选择联系在一起，教师所选的训练方法要和技术动作的生物力学特征类似。教师安排体能训练在总训练中所占的比重与专项体能训练在体能训练中所占的比重时，要结合训练的目标、条件、对象的实际情况，这些安排可以从侧面体现出体能训练与其他训练的结合程度。

5．注意体能训练过程中的思想工作

体能训练的过程其实就是人体受到外部刺激的过程，而所受刺激的强度大小会对体能变化的大小产生直接影响。由于体能训练的手段一般都是重复的，比较单调和枯燥，所以参加体能训练的训练者很容易产生疲劳感。这就需要教师在体能训练的过程中加强对训练者的思想工作，使他们认识到体能训练的重要性，同时培养训练者吃苦耐劳的意志品质，这也是心理训练与体能训练有机结合的重要体现。

此外，体能训练教师在选择体能训练的方法时，可以适当地使用比赛训练法，这有利于减少训练者对训练的抵触心理，提高他们的训练积极性。需要注意的是，教师要把握好训练的度，以免造成训练者训练过度而出现伤病。

6．注意膳食营养的平衡摄入

体能训练十分消耗身体中的能量物质。为了使训练者保持良好的训练状态，我们必须建立科学合理的营养摄入制度，重视训练者膳食营养的平衡摄入，在日常生活中养成良好的饮食习惯，同时要按照营养专家给出的意见对膳食营养进行合理的搭配。下面从每日的营养分配、根据训练节奏安排膳食、训练或比赛后的膳食平衡及训练或比赛中对水的补充四个方面进行具体介绍。

（1）每日的营养分配

一般来说，一名训练者每天摄入的能量中大约 2/3 源于碳水化合物，这就意味着大约有 2 400 千卡的热量（大约 600 克的能量）源于碳水化合物。一名体重 75 千克的训练者，其每日所需碳水化合物的量是 600 克，而按照食物营养对照公式可知，每 100 克米饭中大约含有 25 克的碳水化合物，若是训练者所需的碳水化合物全部来源于米饭，那么这名训练者一天需要食用 2 400 克米饭，但事实上，要让训练者在正常的三餐中吃掉这么的米饭是不现实的，若是将米饭折算成水果、蔬菜等其他含碳水化合物的食物，食物的量可能会更大。而训练者在繁重的训练期内及在训练前后，都是不能立即食用大量食物的。所以，训练者进食的方式应该是少食多餐，食物应该是浓缩的，体积重量小一些最佳。

（2）根据训练节奏安排膳食

在不同的时期，训练者的训练任务是不同的，这使得训练者的膳食也要随着训练任务的调整而不断变化。营养补充是体能训练过程中的重要环节之一，体能训练教师与训练者都必须对其足够重视。

（3）训练或比赛后的膳食平衡

蛋白质、脂肪、碳水化合物的平衡有利于体内的胰岛素、胰高血糖素、生长素等激素的优化平衡，进而会对训练者的运动状态产生影响，所以要根据训练者训练的不同阶段及时对训练者的膳食进行调整。

第一阶段，训练者可在训练或比赛前 30 分钟～40 分钟摄入少于 100 卡的热量，其中要保证摄入足够的蛋白质与碳水化合物，这样才能使训练者的激素水平达到训练所需的程度。

第二阶段，训练者在训练之后应该通过加餐的形式进行能量补充，补充的热量在 100 卡左右，这样才能使训练者体内的胰岛素与胰高血糖素比值保持平衡，进而使生长素得到最大释放。

最后一个阶段，训练者在训练之后的 2 小时内需要通过一顿正餐使自身肌肉中的胰高血糖素重新得到补充并达到正常水平。

（4）训练或比赛中对水的补充

如果在运动后人体内丢失的水分没有得到及时补充，人体的血容量就会下降，这会使心脏的负担加重，使心率增长过快。人在运动过程中丢失的水分如果达到自身体重的 2%～3%，那么人的运动能力就会降低。所以，在体能训练前后及体能训练的过程中都离不开水分的补充，需要注意的是，水分补充的量要适宜，要遵循少量多次的原则。

第五章　高校体育运动体能训练方法实践

不论是竞技体育还是大众体育，体能始终是人们参与体育运动的最基础保障。现代体育运动朝着高对抗和快速度的方向发展，这种发展趋势对于运动参与者的体能要求更高。因此，对于高校体育运动体能训练方法的研究就显得很有意义。本章主要对力量、速度、耐力、柔韧四大身体素质训练进行系统深入的阐述。

第一节　力量素质体能训练

力量素质体能训练主要针对核心区域肌群（主要是腹部、下背部、骨盆部肌群）及其深层小肌肉进行的力量、稳定、平衡等能力的训练，核心稳定力量训练的目的是协调整个机体控制能力，促进核心区域肌群能在人体完成动作过程中有效地发挥稳定躯干、传输能量的作用。[①] 通过科学的核心稳定力量训练，核心肌群的整体原动肌、局部稳定肌能够得到稳定的发展和提高。

一、力量素质的分类

对力量素质的分类和组成成分进行正确的了解与认识，有助于教师合理安排力量训练的内容和方法，以此提升力量训练的效果。按照不同的划分依据可以将力量素质分为多种类型。

下面具体介绍力量的三种表现形式：最大力量、速度力量、力量耐力。

最大力量指的是肌肉通过最大随意收缩抵抗无法克服的阻力过程中表现出的最高力量值。影响人体最大力量的因素包括肌肉的生理横断面面积和肌肉间及肌纤维之间的协调性。

① 王谦．核心稳定力量训练在普通高校游泳教学中的应用研究[D]．大连：大连理工大学，2013．

速度力量指的是人神经肌肉系统用尽可能快的速度发挥力量的能力。影响速度力量的因素包括人体肌肉的收缩速度和最大力量值。速度力量的组成成分包括三个方面，分别是起动力量、爆发力、制动力量。

力量耐力指的是人在静力性工作中长时间保持相应强度的肌紧张或在动力性工作中多次完成相应强度的肌收缩的能力。力量耐力又可以被细分为静力性耐力和动力性耐力，田径、游泳、篮球、足球等运动项目要求训练者具备较高的动力性耐力，射击、摔跤、支撑类运动项目要求训练者要具备较高的静力性耐力。

二、进行力量素质训练的基本要求

力量素质训练的基本要求主要包括以下四点。

第一，要注意全面发展肌肉能力，使各肌肉群都能够得到同步发展。在力量素质训练中，切忌只注重对大肌肉群和主要肌肉的训练，忽视对小肌肉群和远端肌肉群的训练，这种做法是不利于提升训练效果的，另外，如果身体的肌肉群不能得到平衡协调发展，还可能会使人在运动中发生运动损伤。

第二，力量训练的频率和强度要合理安排。通常情况下，力量训练的频率不宜过高，每周进行 2～3 次为宜，每次训练的时间也不宜过长，35 分钟～60 分钟即可。另外，每次力量训练的负荷量也要合理安排，总体上要遵循循序渐进的原则，使力量素质有节奏地逐步提升。

第三，力量训练的顺序要安排好，不同程度的力量训练会对机体产生不同的影响。力量训练的负荷大、次数少有利于改善人体肌肉的协调能力，而力量训练的负荷小、次数多则会影响肌肉的结构，使肌纤维变粗，进而增大肌肉的横截面面积。通常情况下，教师在对学生进行力量素质训练时，先进行负荷小、次数多的力量训练，等有了一定的力量基础后，再进行负荷大、次数少的力量训练，这样的顺序有利于提升学生的力量素质，而且还能避免运动损伤。

第四，在力量训练的过程中，一定要把安全放在首要位置。高校学生在参与力量训练的过程中，一定要集中注意力，确保训练姿势和动作的正确性，量力而行，避免在训练中发生运动损伤。在力量训练结束后，也可以采用按摩、泡热水澡等方式使身体的肌肉得到一定的放松。

三、发展力量素质及其训练的方法

（一）负重训练法

1. 训练负荷强度

在负重训练法的速度力量训练中，如果负重过大就会影响速度的发展，但如果负重过小又难以达到想要获得的速度力量的效果。通常情况下，负荷强度适宜采用人最大负重的 40%～70% 的强度，这种负荷强度可以同时兼顾速度和力量的发展。

2. 训练重复的次数与组数

训练重复的次数与组数要以不降低完成动作的速度为准。通常情况下，每次训练需进行 3～6 组，每组 5～10 次，如果在训练中学生的动作速度有所下降，可以减少重复的次数或者停止练习。

3. 训练间歇时间

速度力量训练间歇时间过长容易使机体中枢神经的兴奋度下降，这对后面的训练是十分不利的。因此，不宜安排过长的间歇时间，一般 2 分钟～3 分钟即可。

（二）不负重训练法

利用不负重训练法进行速度力量训练，主要是采取各种形式的方法来克服自身体重进行跳跃练习，如台阶跳、跨步跳、纵跳、蛙跳等。

在进行不负重跳跃训练时，要注意保持动作的连贯性、爆发性和速度，也可将不负重跳跃训练与专项运动技术训练结合起来，这对于发展学生速度力量十分有效。

（三）徒手静力训练法

1. 跪地背部支撑

此训练方法主要锻炼背阔肌。

方法：两膝弯曲跪于地面，双手与肩同宽并保持撑地，同时抬头，保持背部挺直。

要求：背部始终保持挺直；一次训练最好做 3 组练习，每组练习 20 秒。

2. 坐位体前屈

此训练方法主要锻炼肋间肌。

方法：双腿伸直并拢坐于地面，背部用力，两手臂用力向前伸。

要求：手臂向前伸的同时，感受背部用力，同时，双腿禁止弯曲；一次训练最好做 3 组练习，每组练习 20 秒。

3. 仰卧两头起

此训练方法主要锻炼髂腰肌。

方法：双腿伸直并拢，仰卧于地面上，两臂伸直放置于头部两侧，两腿、两臂同时抬起。

要求：在两腿、两臂抬起的过程中，始终使腹部、背部、胸部处于收紧状态。

4. 坐立屈腿

此训练方法主要锻炼肱四头肌。

方法：坐于地面上，双手撑地放于体后，指尖朝外，重心后仰，双腿屈膝收于腹前。

要求：保持姿势的平衡，胸部、腹部、背部、大小腿始终收紧；一次训练最好做 3 组练习，每组练习 20 秒。

5. 俯卧内收腿伸臂

此训练方法主要锻炼短收肌、长收肌、大收肌、股薄肌。

方法：一侧手臂与另一侧的腿支撑在地面上。另一侧手臂尽量前伸，腿部保持与上体平行，重复交叉练习。

要求：抬起的腿与身体同一高度，争取与地面平行，胸部、腹部保持收紧状态。

（四）哈他瑜伽训练法

1. 上轮式

此训练方法主要锻炼斜方肌、横突棘肌。

方法：首先，身体仰卧于地面上，掌心向下，两手放在身体的两侧；其次，弯曲膝盖将双脚收回，脚跟贴于大腿背面，两脚底自然平放于地面之上，同时，双手翻掌，移至头部两侧，双肘抬起，掌心向下；然后，深吸一口气，挺起背部，使腹部、髋部同时离开地面，双手、双腿向下使劲，可缓慢向内收，头部保持放松，向地面低垂；最后，均匀呼吸，保持此姿势约 10 秒钟后，缓慢将双肘弯曲，头部轻轻接触地面，紧接着背部、整个身体依次着地，将双腿伸直，双手收回，恢复到仰卧状态。

要求：背部用力；一次训练最好做3组练习，每组练习20秒。

2. 三角伸展式

此训练方法主要锻炼腿部肌肉。

方法：两脚尽量开立至两倍肩宽处，双臂水平伸直，与地面保持平行，身体向左侧弯曲，左手触摸左脚脚踝，右手垂直上举。左右侧交替进行练习。

要求：始终保持两腿伸直，背部收紧状态。

3. 反板式

此训练方法主要锻炼臀大肌。

方法：双腿并拢，仰卧于地面，双臂伸直与肩同宽，反手支撑于地面，抬头的同时髋关节向上顶起。

要求：臀部保持收紧。

4. 半月式

此训练方法主要锻炼阔筋膜张肌。

方法：将同侧腿、同侧手臂伸直，侧支撑于地面之上，另一侧腿平举，另一侧手臂伸直上举，与地面垂直。身体左右侧交替进行。

要求：训练过程中始终收紧胸部、腹部、腰部。

（五）瑞士球训练法

该训练是利用瑞士球进行练习的训练方法。瑞士球具有非固定性，对训练者身体的平衡性提出了较高的要求，因此，能够整体提升训练者的身体素质。

1. 侧支撑两腿夹球起

此训练方法主要锻炼腰方肌。

方法：侧卧于地面上，一侧手臂弯曲，手肘支撑于地面，五指张开，掌心向下。另一侧手臂放于胸前支撑于地面。两腿伸直，两踝关节夹住瑞士球，身体略向前侧倾斜，背部、腰部用力，将球向上抬起。左右两侧交替进行。

要求：两腿始终伸直收紧，切忌弯曲，让背部、腰部发力。

2. 背撑球内踢腿

此训练方法主要锻炼缝匠肌。

方法：两脚开立与肩同宽，背部挺直支撑于瑞士球上。膝关节弯曲，大腿、上体处于同一水平面，其中一侧腿的膝关节向内弯曲，做踢腿的动作。左右腿进行交替练习。

要求：身体保持稳定，保持重心的稳定，不偏向左侧或右侧。

3. 瑞士球上侧弯起

此训练方法主要锻炼腹内斜肌、腹横肌。

方法：一侧身体侧卧于瑞士球上，双手抱头，双腿伸直并拢的同时，使胸部、腹部、背部尽量收紧，上体做侧弯起。

要求：双腿伸直；全身力量收紧；一次训练最好做3组练习，每组练习20次。

4. 仰卧拉哑铃体前交叉

此训练方法主要锻炼胸肌。

方法：仰卧于瑞士球上，双脚与肩同宽，背部压在球上，大腿与上身处在同一水平，双手各自握住一个哑铃，双臂伸直放于身体两侧，缓慢上举，在肘关节处交叉。

要求：上体保持挺直，注意保持身体重心，髋部始终处于中立位，两臂伸直。

（六）弹力带训练法

弹力带一般由天然乳胶制成，能有效改善肌肉力量、身体的活动能力、灵活性，帮助训练者提高运动成绩，治疗慢性疾病。弹力带被广泛应用于健身领域、康复训练领域、体能训练中，能够起到修身、加强心肺功能、改善体态的作用。

1. 单腿俯身后拉

方法：左腿单腿站立，身体向前弯曲，上体与地面保持平行，右腿高高抬起与地面平行，背部始终挺直，收紧腹部，双手紧紧抓住弹力带，用力将弹力带经体侧拉至髋关节处。左右两侧进行交替练习。

要求：收紧腹部、背部，脚尽量抬高，髋关节保持中立。

2. 双手弓步提拉

方法：呈弓步姿势，通常右腿在前，左腿在后，在左髋部位握紧弹力带，双臂始终伸直，向右肩斜上方用力提拉拉力带。左右腿交替进行。

要求：保持髋关节中立，收紧腰部、腹部。

3. 单腿俯身内拉

方法：两臂侧平举，与地面保持平行，俯身单腿站立，另一侧腿高高抬起，与上体处于同一水平面，右手握紧弹力带，用力将其拉至体前。左右两侧交叉重复练习。

要求：支撑腿不可弯曲，收紧胸部、腹部，保持重心的稳定。

（七）发展最大力量的两种训练法

生理横断面面积和肌肉间及肌纤维之间的协调性是影响最大力量的重要因素，因此，发展最大力量要从这两个方面进行训练。

1. 增大肌肉生理横断面面积

（1）训练负荷强度

根据每个人不同的具体情况，训练负荷的强度也要有所区别。一般最适宜的负荷强度为学生能够承受最大负重的 60%～85%，以这样的负荷强度进行重复练习，有利于增加学生的肌肉体积，增大其肌肉的生理横断面面积，从而提升学生的最大力量值。需要注意的是，为了减轻学生的心理负担，也为了避免学生在训练中发生运动损伤，95% 以上的极限负荷强度不建议使用。

（2）训练重复的次数与组数

按照 60%～85% 的负荷强度进行训练的话，一般每组重复练习 4～8 次，每次可做 5～8 组训练。总的来说，训练重复次数是根据训练的负荷强度决定的，次数不同、负荷强度不同，对身体的作用也不同，具体如表 5-1-1 所示。

表 5-1-1　训练负荷强度、次数及其作用

负荷强度	次数（次）	对身体的作用
小于 40%	大于 13	提升力量耐力
40%～65%	8～12	增加肌肉体积，提升速度力量
65%～85%	4～7	增加肌肉体积，提升速度力量
85%～95%	2～3	促进肌肉的协调性发展
大于 95%	1	促进肌肉的协调性发展

（3）训练持续的时间

每次训练时做动作的速度可以慢点，保证动作能够自然、流畅地完成。通常情况下，一个动作在 4 秒左右完成，这有利于增大肌肉体积，使肌纤维变粗，从而增大肌肉的生理横断面面积。

（4）训练间歇时间

每组训练完成后身体会产生一定的疲劳感，学生需要休息一定的时间使身体的疲劳感消失再进行下一组的训练。通常情况下，高水平的高校学生休息 2 分钟～3 分钟即可进行下一组训练，如果学生的力量水平较低，可以稍微延长间歇时间。

需要注意的是，间歇期间不能完全放松休息，停止运动，而是要做一些放松的活动和练习，这样更有利于消除疲劳，恢复体力。

2. 改善肌肉协调能力

（1）训练负荷强度

建议采用的训练负荷强度为人体能够承受最大负重的85%以上，这样的负荷强度能够动员更多的肌纤维单位参与训练，有利于促进和改善机体某一部分肌肉的协调能力。

（2）训练重复的次数与组数

训练重复的次数与组数要能够达到训练所规定的负荷强度。通常情况下，每次训练需进行5～8组，每组1～3次，当然，训练者也可以根据自身具体情况适当地增加训练的次数与组数。

（3）训练持续的时间

每次训练时做动作的速度要适当加快，通常情况下，一个动作在2秒左右完成。

（4）训练间歇时间

每组训练之间的间歇时间在3分钟左右即可，不管是局部肌肉训练还是全身肌肉训练，都要保证肌肉疲劳感消失之后再进行下一组练习。同样地，间歇期间要做一些有利于肌肉恢复的放松活动。

第二节　速度素质体能训练

速度素质在运动能力中占据十分重要的位置，尤其是对田径运动项目来说，具有高水平的速度素质是训练者创造优异成绩的基础。

一、速度素质训练的目标和要点

（一）速度素质训练的目标

速度素质训练的目标有以下三个。

第一，训练膝关节屈肌的离心收缩力量。

第二，减少脚掌着地的时间，提高步伐频率，发展训练者的速度力量。

第三，将脚的着地点控制在身体重心的下方，提升小腿、脚在着地时的后摆速度，从而减少着地时产生的制动力。

（二）速度素质训练的要点

速度素质训练的要点有以下四个。

第一，要提升着地时小腿与脚后移的速度。

第二，减少垂直冲力与控制动力。

第三，脚支撑的时间要短，步频要快。

第四，要重视膝关节屈肌离心力量的训练，同时要改善摆腿技术。

二、发展速度素质及其训练的方法

想要提高学生的反应速度能力，主要是利用多种信号（口令、哨声、枪声、手势、掌声等）不断刺激学生，让学生不断地做出反应，以促进其反应速度能力的提升。

反应速度训练主要有以下三个方面。

第一，视觉反应。通过让学生观察手势、物体、旗势等信号的变化和移动，做出相应的应答反应，经过不断的训练，提升学生的视觉反应能力。

第二，听觉反应。通过让学生认真听枪声、哨声、口令、击掌声等声音信号，做出相应的应答反应，经过不断地训练，提升学生的听觉反应能力。

第三，综合反应。通过对学生进行先后或者同时的信号刺激（包括视觉、听觉、触觉等），使学生做出相应的应答反应，经过不断地训练，提升学生的综合反应能力。

（一）发展动作速度的方法与具体训练

常见的发展动作速度的方法有以下几种。

1. 助力训练法

助力训练法是指在训练中给学生必要的助力，以帮助学生快速完成动作的方法。例如，铅球训练者在投掷球之前最后用力的瞬间，教练会在其后给予助力，让其体会快速发力的感觉；体操训练者会在教练的助力下完成快速摆腿振浪的练习。除此之外，在训练时借助外界的力量进行训练也属于助力训练法，如在短跑训练中借助下坡跑、牵引跑、顺风跑等方式进行训练。

2. 速度控制训练法

速度控制训练法是通过对训练者动作速度的有效控制来提升其对动作速度的感知能力，从而提高其动作速度的训练方法。例如，在一些注重表现美感的群体项目的训练中，其中一个或几个高难度的动作与整套动作之间协调性的训练，不仅要求做这几个动作的速度最快，还要重视这几个动作与整个动作的节奏配合。例如，武术训练者在进行速度训练时，先用与正常比赛相比较慢的速度进行，在训练的过程中体会用力的大小、方向和节奏等，经过训练后再用最大的速度完成动作，这种方式能够有效提升其动作速度。

3. 加大动作难度训练法

在练习某一动作或技术之前，先在该动作的基础上加大阻力、加大难度进行练习，然后再恢复到正常的水平进行。例如，练习跑、跳时，先进行负重跑、跳练习，经过一段时间的练习之后，去掉负重恢复到正常水平进行跑、跳训练，就会感到轻松、有力，从而能够有效地提升跑、跳的动作速度。

4. 变换训练法

变换训练法主要是以缩小训练的时间和空间界限来完成训练的方法。通常情况下，教师会采用缩小训练场地的方法，加上限制训练的时间，使技术动作出现的频率增高，通过不断的练习，以此来提升学生完成动作的速度。三人制的篮球赛和五人制的室内足球赛等都是变换训练法。

5. 信号刺激训练法

信号刺激训练法是通过信号对学生进行刺激以提高其动作速度的方法。例如，让学生听着同步的伴奏，快速做出与伴奏节奏相一致的动作。

除此之外，肌肉随意放松的能力也直接决定着动作速度素质，因此，在对学生的动作速度素质进行训练之前，使之充分放松肌肉也是非常重要的。

6. 具体训练

听口令或节拍器摆臂。两脚前后开立或呈弓箭步，听口令或节拍器快速前后摆臂 15 秒～30 秒，2～3 组。

原地快速高抬腿或支撑高抬腿。站立或身体前倾支撑肋木快速高抬腿 10 秒～30 秒，4～6 组。

仰卧高抬腿。仰卧快速高抬腿 10～30 秒，也可以拉橡皮条。

悬垂高抬腿。手握单杠悬垂，两腿快速交替做高抬腿动作，20～50 次，2～4 组。

快速小步跑。15 米～30 米，3～5 组，最高频率，强调踝关节屈伸当中的连贯性和协调性。

快速小步跑转高抬腿跑。快速小步跑 5～10 米，身体前倾转快速高抬腿跑 20 米～30 米，4～6 组。

快速小步跑转高抬腿转加速跑。小步跑 10 米转高抬腿跑 10 米转加速跑 10 米～20 米。

高抬腿跑转加速跑。快速高抬腿跑 10 米～15 米转加速跑 20 米。

高抬腿跑转车轮跑。高抬腿跑 10 米转车轮跑 15 米，2～4 组 ×4～10 次。

快节奏高抬腿跑。高抬腿慢跑，听信号后加快节奏以最快频率跑 10 米～15 米。

踏步长标记高频跑。在跑道上画好步长标记，在行进间听信号踏标记高频快跑 15 米～20 米，2～4 组 ×4～6 次。

跨跳接跑台阶。跨步跳，听信号后快速跑台阶，要求按台阶顺序逐个跑，步频最高，如台阶固定可以计时跑，4～6 组 ×6～8 次。

连续建立跨栏跑。5～6 副栏架，栏间距短于标准栏间距 1 米～2 米，要求栏间跑加快频率，讲究动作节奏和加速跑，2～4 组 ×4～6 次。

听节拍器或击掌助跑起跳。短程助跑，听信号后加快最后三步助跑和快速放脚起跳，2～4 组 ×8～12 次。

侧跳台阶。练习者侧对台阶站立，侧跳台阶，两腿交替进行，2～3 组 ×6～8 次。

左右腿交叉跳。在一条线上站立，沿着线两腿向左右两侧方向交叉跳，交叉跳时大腿高抬，快速转髋，动作速度加快，20 米～30 米 ×4～6 次。

上步、交叉步、滑步或旋转投掷轻重量的器械。铅球、铁饼、标枪等投掷训练者在发展专项动作速度时往往“最后用力”投掷较轻重量的器械。

纵跳转体。原地纵跳转体 180° 或 360° ，连续跳 10～20 次。

跳抓吊绳转体。助跑跳起双手抓住吊绳，后仰收腹举腿，转体 180° 跳下，10～15 次。

快速挥臂拍击沙袋。原地或跳起快速挥臂拍击高悬沙袋，30 次 ×3～5 组。

转身起跳击球。吊球距地面 3 米左右，原地起跳用手击吊球后在空中转体 180° 落地，接着转身起跳击球，连续 5～10 次，重复 3～5 组。

快速挥臂击球。原地或跳起挥臂击高吊的排球，连续击打，动作速度要快，有鞭打动作，20～30 次，重复 2～4 组。

起跳侧倒垫球。在排球网前站立，听信号后双脚起跳摸网上高物，落地后迅速垫起教练抛来的排球，连续 10～15 次，重复 3～4 组。

两侧移动。两物体高 120 厘米相距 3 米，练习者站在中间左右移动，用右手摸左侧物体、左手摸右侧物体，计 30 秒内触摸物体的次数，重复 3～4 次。

对墙踢球。距墙 4 米～6 米站立，以脚内侧或正足背连续接踢。从墙上反弹回来的球，20～30 次，重复 3～5 组。

移动打球。6 人站成相距 2 米的等边六角形，其中 5 人体前各持一球，听信号后徒手训练者快速移动循环拍打持球者手中的球，每次移动拍打 20 次，每人完成 2 次循环为一组，重复 2～4 组。

快速移动起跳。在篮板左下角听信号后起跳摸篮板，落地后迅速移动到右侧跳摸篮板，8～10 次，重复 2～3 组。

上步后撤步移动。根据教师的手势或信号在乒乓球台端线做上步后撤步移动练习，移动速度快，持续 30 秒，重复 2～3 次。

交叉步移动。在乒乓球台端站立，听信号后左右做前交叉步移动练习，结合挥拍击球动作，动作速度加快，移动 20 秒，重复 2～3 组。

技巧、体操、弹网训练者的转体练习。组合动作接转体动作尤其是接多周转体动作，要求训练者不仅要具有速度力量等素质，而且还要有快速的动作速率及熟练而协调的技术能力。

高山滑雪中的“小回转”练习。在雪道上设置若干小回转旗门，练习快速、准确回转过旗门。

（二）发展移动速度的方法与具体训练

通常情况下，最常用的发展移动速度的方法有以下几种。

1. 增加肌肉力量

物质运动速度的获得是力作用的结果，在物理学中，在其他条件相同的情况下，质量越大，速度越快；在质量相同的情况下，作用力越大，加速度越大，移动的速度也就越快。学生的质量是一定的，因此要想提升学生的移动速度，必须致力于提升其腿部肌肉收缩的力量。常见的提升腿部力量的方法有蛙跳、单腿跳、负重半蹲、双足跳等。

2. 减少内外阻力

学生要想提高移动速度，要从两个方面进行努力，一方面要努力减少来自自身体重、空气阻力、惯性、摩擦力等影响移动速度的外部阻力，另一方面要减少肌肉的黏滞性、活动关节囊的摩擦力和对抗肌对肌肉群的牵引力等影响移动速度的内部阻力。只有影响移动速度的内、外阻力减少，才能有效提升移动速度。常见的减少内外阻力的方法有控制体重、提高肌肉协调性和提高动作正确性等。

3. 提高综合能力

移动速度素质是一种综合性能力的表现，训练者的力量素质、柔韧素质和灵敏素质都对其移动速度有一定的影响，另外，机体神经系统的灵敏性、心血管系统的功能与适应性等也会影响学生的移动速度。因此，在对学生进行移动速度素质训练时，要采用多样化的训练方法和手段，不断克服“速度障碍”，提高学生对各个动作技能之间的转换能力，从而可以有效提升学生的速度综合素质。

4. 具体训练

小步跑转加速跑。行进间快频小步跑，听信号后转为加速跑。20 米～30 米 ×2～3 组 ×2～3 次，组间隔 5 分钟。

高抬腿跑转加速跑。行进间高频高抬腿跑，听信号后转为加速跑。10 米～15 米 ×2～3 组 ×2～3 次，组间隔 5 分钟。

后蹬跑转加速跑。快速后蹬跑，听信号后转为加速跑。20 米 +20 米 ×2～3 组 ×2～3 次，组间隔 5 分钟。

高抬腿车轮跑转加速跑。行进间高抬腿车轮跑，听信号后转为加速跑。15 米 + 20 米 ×2～3 组 ×2～3 次，组间歇 5 分钟～7 分钟。

单足跳转加速跑。单足跳 10 米～15 米，听信号后转为加速跑 20 米，2～3 组 ×2～3 次，组间歇 5 分钟。

交叉步转加速跑。交叉步跑 5 米～10 米，听信号后转体加速跑 20 米，2～3 组 ×2～3 次，组间歇 5 分钟。

倒退跑转加速跑。倒退跑 10 米，听信号后转体加速跑 20 米，2～3 组 ×2～3 次，组间歇 5 分钟。

加速跑。加速跑 60 米、80 米、100 米、120 米，3～5 组 ×3～5 次，组间歇 5 分钟。

变加速跑。20 米加速跑达到最高速度时减速跑 10 米再加速跑 20 米，以此类推跑完一定的距离，需间歇 5 分钟。

站立式起跑。听信号或枪声站立式起跑 30 米 ×3～5 组 ×3～5 次，组间歇 5 分钟～8 分钟，强度为 90% 左右。

蹲踞式起跑。听信号或枪声蹲踞式起跑 30 米 ×3～5 组 ×3～5 次，组间歇 5 分钟～8 分钟。

行进间跑。加速跑20米～30米，到达指定的标记后行进间跑20米～30米，行进间跑的距离可长可短，20米～80米，重复2～3组×2～3次，组间歇5分钟～8分钟。

重复跑。强度为90%～100%，距离短于比赛距离的1/3，重复4～6组×4～6次，组间歇5分钟～10分钟，如100米×5组×5次，组间歇10分钟，次间歇5分钟。

上坡跑。坡度为7～10度，30米、60米、80米×2～3组×3～5次，组间歇5分钟～8分钟。

下坡跑。坡度为7～10度，30米、60米、80米×2～3组×3～5次，组间隔5分钟～8分钟。

上、下坡跑。在7～10度的坡道上往返跑，30米上坡跑，30米下坡跑，重复2～3组。

顺风跑。风速3～5级，顺风跑30米、60米、80米×2～3组×2～3次，组间歇5分钟～7分钟。

牵引跑。在牵引机的牵引下按照一定的速度跑20米～60米，重复2～3组×2～3次，组间隔5分钟～7分钟。

让距离追赶跑。2～3人一组，根据个体的速度水平前后相隔2米～5米的距离，听信号后起跑，后者在规定距离内追上前者，重复2～3组×2～3次，组间歇5分钟～7分钟。

接力跑。8×50米、4×100米、4×200米、4×400米接力跑。

固定距离或固定步数反复跑。在需要起跳准确性高的项目中，如跳远、跳高、跳马，训练者要经常练习固定节奏的助跑速度。30米～45米×4～6组×3～6次。

各种方式的跨栏跑。改变栏高，改变栏间距，改变栏间跑的步数和节奏，改变栏架的数量等。

摸乒乓球台角移动。听信号后30秒左右移动摸乒乓球台两角，重复2～3次，间歇2分钟～3分钟。

变向带球跑。6人站成一排，间隔5米，每人一球，根据教师的手势做前后、左右的带球、变向、急停、转身带球跑，重复2～3次。

各种球类的移动速度练习。教师根据各种球类项目移动速度的特点，设计具有项目技术、战术特点的移动速度练习手段，如足球的进攻和防守的移动速度，乒乓球、羽毛球、网球训练者的脚步移动速度。

（三）发展反应速度的具体训练

听信号起动加速跑。在慢跑中听到信号后突然起动加速跑 10 米～15 米，重复 8～10 次。

小步跑、高抬腿跑，听信号后加速跑。原地小步跑、高抬腿跑，听到信号后突然加速跑 15 米～20 米，重复进行。

俯卧撑听信号跑。俯卧撑听信号后突然起跑 10 米～15 米，重复进行。

听信号转身起跑。背对前进方向，听到信号后迅速转身 180°，起动加速跑 10 米～15 米，重复进行。

听枪声起跑。站立式或蹲踞式，听枪声后起跑 20 米～30 米，3～5 组 ×3～6 次，强度为 90%～95%。

反复突变练习。训练者听各种信号后分别做上步、退步、滑步、交叉步、转身、急停等动作。

利用电子反应器。依据不同的信号，用手或脚压电扣，计反应时。

两人对拍。两人面向站立，听到信号后用手拍击对方的背部，在规定时间内，拍击次数多者为胜。

反应起跳。训练者围圈站立，圈内 1～2 人，站在圆心手持小树枝或小竹竿，持竿人持竿画圆，竿经谁脚下谁起跳，被竿打中者进圈换人，可突然改变方向。

“猎人”与“野鸭”。“猎人”围圈而立，站在画好的圈内，1～2 人手持皮球击打圈内的“野鸭”，“野鸭”数量为“猎人”数量的 1/3，“野鸭”“猎人”可互换角色。

找伙伴。训练者绕圈慢跑，听到“三人”或“五人”口令后，训练者立即组成规定人数的“伙伴”，不符合规定人数的为失败组，失败组罚做俯卧撑、高抬腿等练习。

追逐游戏。两队相距 2 米，分为单数队和双数队，听到“单数”口令，单数队跑，双数队追，反之亦然。在 20 米内追上为胜。

起动追拍。两人一组前后距离为 2 米～3 米慢跑，听到信号后开始加速跑，后者追上前者用手拍对方的背部，20 米内追上为胜。

多余的第三者。训练者若干，呈两人前后面向圈内围一圆圈而立，左右间隔 2 米，两人沿圈外跑动追逐，被追者可跑至某两人前面站立，则后面的第三者立即逃跑，追者追该第三者，被追上者为失败，罚做各种身体练习。

（四）重复法

短时重复法用于发展学生的速度素质，有利于学生改进专项运动技术，中时重复法用于发展学生的速度耐力。短时重复法的特点是负荷时间较短，为 2 秒～30 秒，负荷强度最大，为 90%～100% 强度，间隔较充分，心率恢复至 120 次／分进行下一次练习，发展三磷酸腺苷供能能力；中时重复法的负荷时间较长，为 30 秒～120 秒，负荷强度次大，为 85%～90%，间歇较充分，主要发展糖酵解供能力。速度和速度耐力是无氧代谢供能，即非乳酸供能和乳酸供能。

1. 短冲法

例如，10×12.5 米；10×15 米；8×25 米；4×50 米。短冲法是典型的无氧供能方式的训练，主要发展速度和绝对速度，超短距离，间隔时间较长，心率和呼吸次数的恢复更接近安静时的基础水平，冲刺时间一般不超过 30 秒～35 秒，常用距离为 25 米～50 米。在一次全力冲刺中，训练者吸入的氧气量跟不上氧气消耗量，就会形成负氧债，在短时间内感到呼吸困难，因而称为缺氧训练法。短冲法可有效地提高训练者肌肉中三磷酸腺苷的含量、无氧代谢酶的活性，加快糖酵解的速度。另外，由于用最大力量和最快速度划手和打腿，从而提高肌肉的速度力量，提高神经紧张与放松快速交替转换的能力，进而提高快速游泳技术。

以提高速度能力为目标的短冲训练手段示例。

10×12.5 米，90%～100%，间歇 12 秒～25 秒。

10×12.5 米，90%～95%，间歇 8 秒～10 秒。

8×25 米，95%～100%，间歇 30 秒～40 秒。

8×25 米，90%～95%，间歇 25 秒～35 秒。

4×50 米，95%～100%，间歇 60 秒～90 秒。

4×50 米，90%～95%，间歇 50 秒～80 秒。

2. 重复法

不同于短冲法的是，重复法要求控制速度。随着练习次数的增加，训练者疲劳感不断积累，间歇时间应适当延长。在短距离（50 米～100 米）重复时，间歇时间至少要等于该练习所用时间的 3 倍（1：3）；较长距离（300 米～400 米）重复时，间歇时间不必太长，心率恢复达到每分钟 100～110 次开始下一次练习。重复训练法可以提高训练者的速度感和动作节奏感，从而使其学会在比赛中合理分配体力和控制速度。重复法是以强度为中心的训练方法，对神经中枢兴奋与抑制的转换、大脑皮层与肌肉的协调能力要求较高。采用 50 米以下距离的重复练习，主要发展训练者肌肉力量和速度，是非乳酸供能；采用 75 米～400 米距离的重复练习，主要发展训练者速度耐力。由于该训练时间较长，所以对呼吸系统和血液循环系统提出了较高要求，对缺氧和耐乳酸能力的提高有较大作用。重复训练主要用于训练后期和赛前减量期，是提高训练强度的手段。重复训练的安排不要集中，要分散安排，一般每周安排 1～2 次为宜。如果安排过于集中，长时间进行大强度的重复训练，会使训练者肾上腺素大大减少，肾上腺素的作用是使心跳频率加快，打开毛细血管，减少外周阻力，使代谢水平提高，能量供给充分。肾上腺素减少会使机能下降，疲劳积累。

重复训练法示例如下。

发展速度 4×50 米，全力游，提高每组训练的游速。

发展速度耐力 4×100 米，3×200 米。

发展速度和速度耐力 200 米，100 米，2×50 米，逐渐增加速度，缩短距离。

3. 负分段法

在游泳训练中，要求完成每一游距时后程游速比前程快。

例一：10×400 米，每个 400 米游速为 90%，但在每个 400 米中要求后 200 米游速比前 200 米游速快，如 400 米自由泳成绩是 4 分 20 秒，前 200 米为 2 分 12 秒，后 200 米为 2 分 08 秒。

例二：4×200 米，第一个 200 米后 50 米快；第二个 200 米后 100 米快；第三个 200 米后 150 米快；第四个 200 米全力游。

4. 耐乳酸法

这一训练为长时间产乳酸大于消乳酸的能力训练。

例如，50 米～200 米，总量为 400 米～600 米，练习时间与间歇时间 1：1～1：2，95%～110% 比赛速度，根据距离不同，血乳酸控制在 6～12 毫摩尔每升，心率达到最高心率减去 10 次 / 分钟。

5. 乳酸峰法

这一训练法使训练强度达到最大产乳酸能力。

例如，25 米～100 米，总量为 200 米～400 米，练习时间与间歇时间 1：2～1：8，用 100%～110% 比赛强度，心率达到最高心率减 10 次 / 分钟，血乳酸控制在 10～18 毫摩尔每升。

6. 速度法

这一训练法可提高最大速度能力。

例如，12.5米～50米，总量为100米～200米，练习时间与间歇时间1：6～1：8，110%～120%比赛速度，血乳酸控制在2～3毫摩尔每升。

（五）间歇法

高强性间隔训练法可以发展机体糖酵解供能力，发展三磷酸腺苷、磷酸肌酸和糖酵解混合供能能力；强化性间歇训练法可以发展机体无氧有氧混合供能能力。400米跑成绩达43秒左右，是三磷酸腺苷、磷酸肌酸和糖酵解混合供能的结果。发展400米跑训练者的速度耐力可采用高强性间歇训练法；800米跑成绩达1分32秒，是无氧有氧混合供能的结果，可采用强化性间歇训练法发展800米跑训练者的专项速度耐力。

方案：发展400米、800米跑训练者速度耐力的训练手段。

发展400米跑训练者的三磷酸腺苷、磷酸肌酸和糖酵解混合供能能力。

300米 ×4～6组，间歇1：2，强度为90%～95%。

400米 ×4～6组，间歇1：3，强度为85%～90%。

300米 ×4～6组，间歇1：5，强度为85%～90%。

发展400米跑训练者的糖酵解供能力。

400米 ×10～20组，间歇1：3，强度为85%～90%。

500米 ×4～6组，间歇1：5，强度为80%～85%。

发展800米跑训练者的无氧有氧混合供能能力。

600米 ×4～8组，间歇1：3，强度为90%～95%。

800米 ×4～6组，间歇1：3，强度为80%～85%。

600米 ×4～6组，间歇1：5，强度为85%～90%。

发展800米跑训练者的最大吸氧量能力。

1 000米 ×4～6组，间歇1：1，强度为80%～85%。

（六）变换法

由于发展专项速度和速度耐力训练经常采用重复法和间歇法，训练者对神经兴奋与抑制转换节律易产生消极适应，甚至形成“速度障碍”，因而采用变换训练法可以减轻或消除这种消极影响。

（七）比赛法

采用教学性比赛、检查性比赛、模拟性比赛及适应性比赛的方法发展专项速度和速度耐力，可以获得更好的训练效果。研究表明，测验性比赛比平时训练时机能水平发挥的程度要高 10%～15%，正式比赛比平时训练机能水平要高出 15%～20%。显然，比赛是能充分动员机体机能储备，调动机体神经中枢的兴奋性，从而使训练者表现出最好运动成绩的训练手段。

第三节　耐力素质体能训练

一、耐力素质的分类

从生理学的角度对耐力素质进行分类，可以将其分为肌肉耐力和心血管耐力两大类，心血管耐力还可以继续细分，可以分为有氧耐力、无氧耐力、有氧和无氧混合耐力三种。其中，有氧耐力是指机体在供养充分的条件下，坚持长时间工作的能力；无氧耐力是指机体在供养不足的条件下，坚持长时间工作的能力；氧和无氧混合耐力是介于有氧供能与无氧供能之间的一种坚持长时间工作的能力。

二、耐力素质训练的基本要求

（一）有氧与无氧训练相结合

有氧耐力训练与无氧耐力训练之间存在着十分密切的联系，一方面，对学生进行有氧耐力训练能够有效增大学生的心脏体积，有效提升学生心脏的每搏输出量，这为无氧耐力的提升奠定了一定的基础；另一方面，在对学生进行有氧耐力训练的同时加入一些无氧耐力的训练，不仅能够增强学生呼吸系统和循环系统的功能，还能使机体输氧的能力得到提升。综上所述，在对学生进行耐力素质训练时，一定要将有氧耐力和无氧耐力的训练结合起来进行，使两者能够相互促进、相互影响。

（二）掌握呼吸技术

呼吸技术与氧耐力训练的成效密切相关。呼吸的作用就是为耐力素质摄取必要的氧气，增加摄氧量。提升耐力素质主要是通过提升呼吸频率和加深呼吸深度两个方面来实现的。其中，加深呼吸深度是最有效的方式，因为只有呼吸的深度越大，才能吐出更多的二氧化碳，进而才能吸进更多的氧气。因此，在对训练者进行耐力素质训练时，要注重对其呼吸技术的培养，尤其是培养其深度呼吸和用鼻呼吸的能力。

（三）体现个性化特点

每个学生的身体素质、运动水平等都有所不同，为了使学生的耐力素质得到最大限度的发展，在耐力训练中不仅要遵循大负荷训练的原则，也要在训练过程中体现个性化特点。换句话说，就是要根据每个个体的具体情况，使用不同的耐力训练方法和手段，根据个体的实际情况为其制定个性化的训练方案。

（四）注意体力的恢复

学生在进行耐力训练时一般要经历长时间的运动，这很容易使学生产生疲劳感。因此，在体能训练结束之后，一定要注意学生体力的恢复，应组织学生做各种使肌肉放松的活动，学生也可以自行采用按摩或温水浴等方式使身体得到放松，从而消除疲劳、恢复体力。另外，也要注意蛋白质、糖等能量物质的补充，这能有效地促进体力的恢复。

（五）加强医务监督

耐力素质训练具有持续时间长、负荷强度大的特点，进行耐力素质训练会对学生的各个器官系统产生比较大的影响。在进行耐力训练时，如果学生的健康水平和运动能力状况不是很好，很有可能对学生的身体造成一定的伤害。因此，在对学生进行耐力训练时要加强必要的医务监督，一方面要对学生的身体机能进行评定，判断学生的机体状态是否适合参加耐力训练；另一方面要注意观察学生在进行耐力训练过程中的情况，如果发现异常情况应酌情降低训练的强度，减少训练的负荷量，甚至直接停止训练。

三、发展耐力素质及其训练的方法

（一）有氧耐力训练方法

1. 匀速持续跑

适合项目：马拉松、10 000 米、5 000 米、公路竞走等。

目的：发展有氧耐力。

方法：跑的负荷量尽可能多，运动时间在 1 小时以上。心率控制在 150 次 / 分钟左右。

要求：匀速持续地跑进。

2. 越野跑

适合项目：所有中长跑和竞走项目。

目的：发展有氧耐力。

方法：跑的速度可以适当变化，心率控制在 150～170 次 / 分钟左右。运动时间在 1.5 小时～2 小时。

要求：在空气清新、相对松软、有弹性的地面练习。

3. 变速跑

适合项目：1 500 米、3 000 米障碍、2 000 米障碍、5 000 米。

目的：发展有氧耐力。

方法：负荷强度由低到高，心率控制在 130～150 次 / 分钟、170～180 次 / 分钟左右。练习持续时间在半小时以上。

要求：根据运动能力控制速度和距离。

4. 间歇跑

适合项目：800 米、1 500 米、2 000 米障碍、3 000 米障碍。

目的：发展有氧耐力。

方法：训练负荷量较小，训练中每次练习的持续时间不长。负荷强度较大，心率达到 170～180 次 / 分钟。在身体尚未完全恢复的情况下进行下一次练习，心率在 120～140 次 / 分钟。

要求：整个训练的持续时间尽可能延长，持续时间在半小时以上。练习中采用积极性休息的方式，如放松跑和慢跑。

5. 法特兰克（速度游戏）

适合项目：所有中长跑和竞走项目。

目的：发展有氧耐力。

方法：在野外、丘陵、山坡、平原的地形条件下，由练习者自己控制距离不等的快跑、慢跑、匀速跑、加速跑交替进行的持续练习。

要求：多用于调整训练课或过渡训练期。

6. 高原训练

适合项目：所有中长跑和竞走项目。

目的：激发机体的补偿机制，发展有氧和无氧耐力。

方法：世居海拔 1 600 米以上高原的训练者在系统的高原训练中，再上海拔更高的高原，进行 4 周～6 周的系统训练，再回到居住地训练 3 周～4 周，下平原参加重大比赛。世居平原的训练者定期上海拔 1 900 米～2 500 米的高原训练 4 周～6 周，然后下平原训练 3 周～4 周后，参加重大比赛。

要求：注意解决高原训练能量消耗大、易疲劳、恢复时间长以及训练过程难以控制等问题。也可以采用“仿高原训练器”“低压氧舱”等训练设备，模仿高原训练的环境和条件进行训练。

（二）无氧耐力训练方法

1. 固定间歇时间跑

适合项目：100 米、200 米、400 米、400 米栏。

目的：发展乳酸供能无氧耐力。

方法：采用 80%～90% 的练习强度，心率达到 180～190 次 / 分钟。一次练习的持续时间和距离稍长，练习的重复次数不宜过多。

要求：间歇时间固定不变，可采用段落相等或不等的练习。如果段落不等，练习顺序应由短到长，在最后一组练习时基本保持规定的强度。

2. 逐渐缩短间歇时间跑

适合项目：100 米、200 米、400 米、400 米栏。

目的：发展乳酸供能无氧耐力。

方法：采用 80%～90% 的练习强度，心率达到 180～190 次 / 分钟。一次练习的持续时间和距离稍长，练习的重复次数不宜过多。

要求：间歇时间逐渐缩短，可采用段落相等或不等的练习。如果段落不等，练习顺序应由短到长，在最后一组练习时基本保持规定的强度。

3. 短段落间歇跑

适合项目：100 米、100 米栏、110 米栏、200 米栏。

目的：发展非乳酸供能无氧耐力。

方法：可采用 30 米～60 米距离，间歇时间 1 分钟左右。采用 95% 以上的大强度练习，持续时间 10 秒左右。

要求：保持高训练强度。较多的练习重复次数，组数根据练习者的情况而定。

4. 长段落间歇跑

适合项目：100 米、100 米栏、110 米栏、200 米栏。

目的：发展非乳酸供能无氧耐力。

方法：可采用 100 米～150 米距离，间歇时间 2 分钟以上。采用 95% 以上的大强度练习，持续时间 10 秒以上。

要求：保持高训练强度。练习的重复次数可以较多，组数根据练习者的情况而定。

（三）有氧和无氧混合耐力训练方法

1. 反复跑

适合项目：400 米、400 米栏、800 米、1500 米。

目的：发展有氧和无氧混合耐力。

方法：采用 80% 以上的强度，每组反复跑 150 米、250 米、500 米距离 4～5 次。每组练习之间休息约 20 分钟。

要求：以预定的时间跑完全程。也可以采用专项的 3/4 距离进行练习。

2. 间歇快跑

适合项目：400 米、400 米栏、800 米、1 500 米。

目的：发展有氧和无氧混合耐力。

方法：以接近 100% 强度跑完 100 米后，接着跑 1 分钟，间歇练习。快慢方式对照组成一组，反复训练 10～30 组。

要求：根据练习者的实际情况调整训练负荷。

3. 力竭重复跑

适合项目：400 米、400 米栏、800 米、1 500 米。

目的：发展有氧和无氧混合耐力。

方法：采用专项比赛距离，或稍长距离，以 100% 强度全力跑若干次，每次之间充分休息。

要求：短跑训练者可以采用 30 米。中跑训练者可以采用 800 米或 1 500 米距离。

4. 俄式间歇跑

适合项目：400 米、400 米栏、800 米、1 500 米。

目的：发展有氧和无氧混合耐力。

方法：固定练习中间休息时间，随训练水平的提高逐渐缩短中间休息时间。

要求：在跑400米练习中，用规定速度跑100米后，休息20秒～30秒，如此循环反复训练，随着训练者水平的不断提高，练习中间休息时间就可以调整为15秒～25秒。

5. 短距离重复跑

适合项目：200米、400米、400米栏、800米。

目的：发展有氧和无氧混合耐力。

方法：采用300米～600米距离，每次练习强度为80%～90%，进行反复跑。

要求：注意速度分配的准确性，可以采用全程或半程的速度分配计划。

6. 持续接力

适合项目：100米、200米、400米、400米栏。

目的：发展有氧和无氧混合耐力。

方法：以100米～200米的全力跑，每组4～5人轮流接力。

要求：注意安全和练习过程中的协调配合。如果练习者人数充足也可以分成若干组进行训练比赛。

（四）其他训练方法

1. 持续训练法

持续训练法就是让学生在一定时间内持续不断地进行耐力训练的方法。这种训练方法在田径运动体能训练中经常用到，是准备期训练主要采用的体能训练方法。

依据不同的运动项目的特点、训练目标、训练水平和训练任务，持续训练法的负荷强度既可以固定也可以不固定，但一般以小强度或者中强度为主。采用持续训练法进行体能训练，一般持续时间不能低于30分钟，其中，高水平学生的平均练习时间应在60分钟～120分钟，如果是马拉松等超长距离的田径运动项目，持续训练时间应该更长。

持续训练法能够有效发展有氧耐力，提升机体的摄氧能力和输氧能力。通常情况下，持续训练的强度和负荷量不同，训练会产生不同的作用，具体如表5–3–1所示。

表 5–3–1 不同训练负荷及其产生的作用

训练强度	心率	训练持续时间	训练产生的作用
小强度	120～150 次／分钟	30 分钟～50 分钟	调整、修正、恢复体力
中强度	150～180 次／分钟	50 分钟～90 分钟	提升有氧耐力
小、中强度	120～150 次／分钟 150～180 次／分钟	90 分钟～10 分钟	提高承受最大负荷的能力
小、中强度	120～150 次／分钟 150～180 次／分钟	不能再做为止	提高力量耐力

2. 间歇训练法

在相对固定的条件下，严格按照事先规定的训练距离、训练强度、训练持续时间、训练重复次数、训练间歇时间等进行训练的方法就是间歇训练法。这种训练方法最大的特点就是对时间有严格的要求，是训练准备期间经常被使用的一种体能训练方法。

运用间歇训练法对学生进行体能训练，一般都采用积极性休息方式，即便是慢跑或走的训练，也会进行一些放松性的练习。一般情况下，间歇训练法会在学生的心率恢复到 120～130 次／分钟之后（此时体能还没有完全恢复）就会进行下一次训练，因此，间歇训练法是一种有效提升学生的耐力水平的训练方法，具体表现在以下四个方面。

第一，能够提升机体心肌收缩力能力和心脏每搏输出量。

第二，能够有效优化人体呼吸系统的功能，提升人体的最大摄氧量。

第三，对于一些运动持续时间较长而负荷相对较低的中长跑运动项目来说，采用间歇训练法进行耐力训练能够有效提高机体对糖原的有氧分解能力，提升机体的有氧耐力水平。

第四，对于一些运动持续时间较短而负荷相对较高的中距离跑或短跑项目来说，采用间歇训练法进行耐力训练能够有效提高有氧无氧混合耐力及无氧耐力水平。

运用间歇训练法进行耐力训练时，训练持续时间、训练强度、训练间歇时间及训练重复次数不同，其产生的效果也有所不同，具体如表 5–3–2 所示。

表 5–3–2 不同类型间歇训练法的作用

训练持续时间	训练强度	训练间歇时间	训练重复次数	训练效果
8 分钟～15 分钟	小强度	长	较少	能够提高有氧耐力
8 秒～2 分钟	最大强度或大强度	短	多	能够提高无氧耐力
2 分钟～8 分钟	中等强度	中	中	能够提高混合耐力
8 秒～15 分钟	大强度	短、中、长	少、中、多	能够提高专项耐力
8 秒～15 分钟	中等强度	短、中、长	多	能够提高力量耐力

3. 重复训练法

在不改变动作结构和运动负荷量的前提下，按照事先规定的距离、持续时间和负荷强度重复进行训练的方法就是重复训练法。这种体能训练方法是竞赛初期主要的训练方法，具有训练强度大、训练次数少的特点。

对以无氧代谢为主的短跑耐力训练和以混合代谢为主的中等长度跑项目来说，重复训练法是一种比较好的训练方法，主要体现在以下两个方面。

第一，200 米、400 米等短跑项目对训练者速度耐力的要求较高，而通过较长的重复跑训练，能够使机体乳酸能系统的供能能力得到提高。

第二，800 米跑项目中，无氧代谢供能的占比较高，在运动过程中氧债较大，而且会出现乳酸堆积的现象，在体能训练中，通过进行 500 米～1 500 米的重复跑训练，一方面能够提升机体对氧债和乳酸堆积的耐受力，另一方面能够使无氧耐力和速度耐力得到有效提升。

运用重复训练法进行耐力训练时，训练持续时间、训练强度、训练间歇时间以及训练重复次数不同，其产生的效果也有所不同，具体如表 5–3–3 所示。

表 5–3–3 不同类型重复训练法的作用

训练持续时间	训练强度	训练间歇时间	训练重复次数	训练效果
8 分钟～15 分钟	最大强度、大强度	中、长	少	能够提升有氧耐力
2 秒～100 秒	极限强度、最大强度	短	少	能够提升无氧耐力
2 分钟～10 分钟	最大强度、大强度	中	少	能够提升混合耐力
15 秒～60 秒	大强度	长	少	能够提升专项耐力
15 秒～30 秒	最大强度、大强度	短、中、长	少	能够提升专项耐力

4. 比赛训练法

借助比赛形式或者模拟比赛的形式对训练者的比赛能力和专项耐力进行训练

的方法就是比赛训练法。比赛训练法适用于竞赛期的各个阶段，运用这种方法进行体能训练时，一定要注意以下三点。

第一，训练的时间、训练的距离、训练的负荷量、训练的强度等都要与正式比赛的形式和特点无限接近。

第二，为了提升比赛的能力，应将比赛的技术充分融于专项耐力训练之中。

第三，训练要以实战为基础，要按照为比赛确定和设计的战术进行训练，不断培养训练者比赛的能力，积累比赛经验。

第四节 柔韧素质体能训练

如果训练者具备良好的柔韧素质，不仅能够高质量地完成技术动作，还能在一定程度上预防运动损伤。

一、柔韧素质的分类

依据不同的分类依据，柔韧素质可以被分为不同的种类，按照一般分类标准有一般柔韧素质和专项柔韧素质；按照完成柔韧练习的动作方式分为主动柔韧素质和被动柔韧素质。

其中，一般柔韧素质指的是机体为了适应一般技能的发展而具备的柔韧体能；专项柔韧素质指的是为满足专项运动技术而具备的柔韧体能；主动柔韧素质指的是机体在运动过程中主动表现出来的柔韧水平；被动柔韧素质指的是机体在外力协助或作用下表现出来的柔韧水平。

二、柔韧素质训练的基本要求

为了保证柔韧素质训练的效果，在进行柔韧素质训练时要遵守三点基本要求。

（一）坚持经常练习

高校学生通过系统的、专门的体能训练可以获得柔韧素质，但是柔韧素质不是获得之后就会永远存在的，如果停止了体能训练，那么肌肉、肌腱、韧带等已经获得的柔韧素质也会很快消退。因此，学生如果想要拥有长期性的柔韧素质，就必须经常进行体能训练，并且要循序渐进、不断巩固，只有这样，才能保证柔韧素质长期保留并且不断发展。

（二）兼顾相互联系的部位

柔韧训练是针对全身的训练，训练目的就是使学生的整个身体都能够协调发展，因此，在进行柔韧素质训练时，不能只针对身体的某一个关节或者某一个部位，要兼顾相互联系的部位。例如，“体前屈”运动，虽然主要是训练腿部的柔韧性的，但是其与脊柱、肩、髋部的柔韧性训练也是密切相关的，所以，在训练中要对这些相互联系的部位也进行训练。综上所述，在进行柔韧素质训练时，要加强主要关节和各相关关节的训练，做到有主有次，主次结合。

（三）控制拉伸力度

学生在进行肌肉拉伸柔韧素质训练之前，一定要做好充分的准备运动和热身运动，这能有效地降低肌肉的黏滞性。在进行拉伸运动的过程中，要特别注意控制拉伸的力度，避免出现用力过猛、过急的现象，一旦在拉伸训练中出现紧绷感和疼痛感，应立即减轻拉伸力度或停止拉伸练习。拉伸训练应循序渐进地进行，并且在训练中教师应仔细观察学生的反应，以便能够及时合理地对学生拉伸力度进行调整，只有这样，才能使学生的柔韧素质得到发展。

三、发展柔韧素质及其训练的方法

柔韧素质训练的方法具体表现为，在力的拉伸作用下，有节奏地加大动作幅度，多次重复，目的是提高跨过关节的肌肉、肌腱、韧带等软组织的伸展性。各组织伸展能力的提高主要是力拉伸作用的结果。

（一）主动性拉伸练习法

主动性拉伸练习法是指训练者依靠自己的力量，通过与某关节有关联的肌肉的主动收缩，来增加关节灵活性的方法。它又分为主动的动力拉伸练习和静力拉伸练习两类。

1. 主动的动力拉伸练习

主动的动力拉伸练习是指训练者依靠自己的力量，将肌肉、肌腱、韧带等软组织拉长，提高其伸展性的方法。根据完成动作的特点可将其分为单一的和多次的（两次重复和多次重复的体前屈）拉伸练习，摆动的和固定的（固定支撑点的拉肩）拉伸练习，负重的和不负重的拉伸练习。例如，正踢腿、侧踢腿等。

2. 主动的静力拉伸练习

主动的静力拉伸练习是指训练者在动作最大幅度的情况下，依靠自身肌肉力量保持静止姿势的练习。例如，扶杆压腿、坐位体前屈测试等。

（二）被动性拉伸练习法

被动性拉伸练习法是指依靠外力的作用，促使关节灵活性增大的方法。它分为被动的动力拉伸练习和被动的静力拉伸练习。

1. 被动的动力拉伸练习

被动的动力拉伸练习是指依靠教师或同伴的助力来拉长韧带、肌肉的练习。例如，依靠同伴的帮助来逐渐提高后举腿的动作幅度。

2. 被动的静力拉伸练习

被动的静力拉伸练习，即由外力来保持固定姿势的练习。例如，依靠同伴的力量来保持体前屈的最大幅度。被动性拉伸练习对于发展主动的柔韧性来说，其效果要比主动性拉伸练习小一些，尤其对被动的静力练习来说，但它却可以达到更大的被动柔韧性指标。被动柔韧性的最大指标往往又决定主动柔韧性的指标。因此，在训练过程中两者必须兼而有之，对那些柔韧素质要求极高的运动项目来说，被动性拉伸更是不可缺少的，此方法在专业训练者中运用更为常见。

（三）本体感受神经肌肉伸展法（简称 PNF 法）

本体感受神经肌肉伸展法最早用于各种神经肌肉瘫痪病人的治疗，随着竞技体育的高速发展，人们发现 PNF 法对在短时间内提升个体的柔韧性具有良好的效果。主要方法包含收缩肌与对抗肌收缩放松的交互进行。以发展股后群肌为例，仰卧伸直腿，脚踝至少屈至 90°，同伴或教师帮其压至有轻微酸痛感，此时腿部用力对抗外力 10 秒（肌肉收缩），间隔 10 秒放松（静止，不需加力），再次加力同时对抗外部压力 10 秒（肌肉收缩），如此循环至少三次。本方法需要外力的帮助，可以在一次伸展练习中显著地提高关节活动的幅度，不易导致肌肉酸痛或损伤，具有高效、安全、简单的特点。

总之，采用上述方法发展柔韧性时，一是要逐渐增大动作幅度，使动作到位，肌肉、韧带尽量被拉长；二是要充分利用肌肉，使肌肉韧带逐渐地被拉长。

四、柔韧素质训练的技术动作

发展柔韧素质的技术动作很多，主要可分为徒手练习（单人徒手练习和双人徒手练习）、器械练习（肋木、体操棒、实心球、跳绳）、借助外力等多种形式。下面将根据身体部位简单介绍一些发展柔韧素质的常用动作。

（一）肩部柔韧练习的技术动作

肩部柔韧练习的动作主要有压、拉、吊、转等几种方式。

1. 压肩的方式

站立式：腿站立，体前屈，两手扶同髋高的肋木或跳马，挺胸低头（或抬头），身体上半部上下振动。教师可帮助压肩，把肩拉开。练习时要求手臂伸直，肩放松。

体前屈：两手体后交叉握、翻腕，向上振动。要求两臂、两腿伸直，幅度由小到大。

2. 拉肩的方式

背对肋木站立，两臂上举，两手握肋木。抬头挺胸向前拉肩，要求胸部前挺，肩放松，幅度由小到大。

面对低山羊做手倒立，另一人帮助其搬肩拉肩。要求手离山羊近一点，幅度由小到大。

3. 吊肩的方式

肋木、单杠、吊环反吊悬垂。要求开始可吊起不动，然后加摆动作，肩放松、拉开。

4. 转肩的方式

单杠、吊环收腹举腿，两腿从两臂间穿过。落下后悬垂，又还原成正悬垂。要求后悬垂时沉肩放松到极限。

单杠悬垂，收腹举腿，两腿从两臂间穿地，落下成后悬垂，松一只手转体360° 悬垂。然后换另一只手做。要求转动时肩由被动转动转为主动转动，由逆时针转动转为顺时针转动。

利用体操棍、竹竿或绳子、橡皮带做转肩练习，随着灵活性提高，两手间握距逐步缩短，但要注意两臂同时转，不要先后转肩。要求肩放松，用主动练习和被动练习结合起来转肩。

（二）胸部柔韧练习的技术动作

仰卧背屈伸。可自己独立做，也可两人或多人作。两人做时，可一人压腿，训练者只抬上体。要求主动抬上体，挺胸。

伸臂。跪立，手臂前放于地上，胸向下压。要求主动伸臂，挺胸下压。

面对墙站立，两臂上举扶墙，抬头挺胸。要求尽量让胸贴墙，幅度由小到大。

背对鞍马头站立，身体后仰，两手握环使胸挺出。要求充分伸臂，顶背拉肩，挺胸。

（三）腰部柔韧练习的技术动作

甩腰。训练者做体前屈和体后屈的甩腰动作，要求幅度由小到大，充分伸展背部和腹部。

仰卧成桥。仰卧开始，两手反掌于肩后撑垫挺起胸腹，两臂伸直顶肩，拉开肩成桥，也可由同伴帮助逐步过渡到独立进行。随着训练水平的提高，手和脚的距离逐步缩小。练习时腿要伸直，腹部上升，挺胸拉肩。

体前屈。

做法一：腿伸直并拢，体前屈，两臂在两腿后抱拢，静止不动，停止一定时间。要求胸贴大腿。

做法二：坐于垫上，两腿伸直，同伴助力扶背下压。还可将两腿垫高，加大难度。要求下压一定时间后，再停留一定时间再抱腿。

做法三：分腿站立体前屈，上体在两腿中间继续甩动。要求肘关节甚至头部应该向后伸出。

做法四：训练者坐于垫上，两腿分开置于30厘米～40厘米高长凳上，教师两手按其背下压。要求两腿伸直，挺胸，抬头。

做法五：训练者面对肋木坐下，臀部与肋木间垫实心球，两臂向上伸直握肋木，教师在训练者背后半蹲，两手握训练者两足前摆。要求腿要直，不能对抗用力。

（四）踝关节和足背柔韧性练习的技术动作

增强踝关节的柔韧性，可以提高弹跳力，因为小腿腓肠肌和比目肌及跟腱的韧带拉长后再收缩会更有力量。足背的柔韧性好，不但可以增加肌肉收缩力量，而且可以使动作姿态更加优美。踝关节和足背柔韧练习的技术动作主要可以通过以下几种方式进行。

做法一：训练者手扶肋木，用前脚掌站在凳子边上，利用体重上下压动，然后在踝关节弯曲角度最大时，停留片刻，以拉长肌肉和韧带。

做法二：训练者跪坐在垫上，利用体重前后移动压足背，也可以将足尖部垫高，使足背悬空，做下压动作，这样强度更大。

做法三：训练者坐在垫子上，在足尖部上面放置重物，压足背。

（五）腕关节柔韧练习的技术动作

篮球、排球、网球、羽毛球等项目对手腕的灵活性要求较高，既要发展训练者的屈伸能力，又要发展其内旋、外展的能力，除了通过专项基本技术练习进行能力提升外，还可以通过以下几个方面进行能力提升。

做法一；训练者伸直一只手臂，立掌，另一只手牵拉手指，如此交换，要求被牵拉手臂肘要伸直，掌需立起。该方法也可以在同伴或教师的帮助下进行。

做法二：训练者两手胸前指尖相对，通过压手指肌肉、韧带来提高腕关节柔韧性。

做法三：训练者还可以采用靠墙倒立，重心前后移动的俯卧撑进行练习。

第六章　高校体育运动项目训练实例

科学的运动训练不仅要有训练理论基础，也要遵循人体生理机能的变化规律。合理地安排运动训练的各个要素，可使机体产生最佳的反应，实现最佳的训练效果。本章内容包括排球运动项目体能训练和游泳运动项目体能训练。

第一节　排球运动项目体能训练

一、排球运动

（一）排球运动的简介

排球运动是参与者以身体的任何部位（手，手臂为主）在空中击球，使球不落地，可隔网进行集体的攻防对抗，也可不设球网相互进行击球游戏的一种体育运动项目。排球运动形式多种多样，主要以比赛形式、竞赛规则、参与人数、运动目的等进行分类。一般来说，通过运动训练来提高技术水平，以获取最佳竞赛成绩为目的，并在国际上有统一竞赛规则的排球运动形式称为竞技排球，如 6 人制排球、沙滩排球、残奥会坐式排球等。而主要以健身娱乐为目的，享受运动的乐趣，在国际上还没有统一竞赛规则的排球运动形式称为娱乐排球，如软式排球、气排球、妈妈排球、9 人制排球、4 人排球、草地排球、泥地排球、雪地排球、墙排球等。

（二）我国高校排球运动的开展

随着教学改革的不断深入，我国高校排球运动得到了普及与提高，成为颇受大家欢迎的一项运动项目。

近年来，随着高校体育教学改革与全民健身的需要，为了能让学生在学习期间就学会和掌握几种锻炼身体的手段和方法，目前高校的体育教学课都普遍改为体育专项教学课，并且很多学校都开设了排球专项课。有的高校开设了以进一步提高技术水平为目的的“选修班”，有的高校还开设了排球竞赛规则及裁判法选修课和裁判员培训班，通过考核审批了一部分三级排球裁判员。

1985 年原国家体委和原国家教委召开了“全国学校业余训练座谈会”，一致认为发展学校体育、增强学生体质、提高学校体育运动技术水平是我国学校体育工作的基本任务，也是我国高校教育事业和体育事业的重要任务。高校体育运动整体水平的提高，为国家培养出了一批具有社会主义觉悟、科学文化知识和较高体育运动水平的大学生运动员。

2002 年，中山大学女子沙滩排球队参加首届世界大学生沙滩排球锦标赛，并取得了第三名的佳绩。

2003 年世界大学生运动会上南开大学女子排球队夺得冠军。

2004 年北航（北京航空航天大学）男排在全国男排锦标赛资格赛中以 6 胜 1 负战绩打进全国男排联赛。

随着高校内男子排球课的设置和高水平排球队的组建，校园排球活动变得多了起来，很多高校的校内排球竞赛活动每年举行一次。1989 年经国家教委批准成立了中国大学生体协排球分会，各省、市、自治区大部分也都成立了各地大学生排球协会。各地的大学生排球协会负责安排每年本地区高校排球活动计划，组织本地区排球竞赛和裁判员的培养训练工作。中国大学生排球联赛（CUVA）由中国大学生体育协会批准，中国大学生体育协会排球分会主办，于 2006—2007 年度隆重推出首届联赛，每年举办一届，并与其衍生赛事一同被打造成健康规范、充满激情、全面进步和不断提升的中国大学生优秀传统赛事。2018—2019 赛季中国大学生排球联赛具有全新赛制、高科技含量和包装升级等特点。比赛覆盖全国 33 个省市自治区、100 多所高校、2 000 余个院系，将有超过 11 万学生运动员参赛。2023 年 5 月，2022—2023 中国大学生排球联赛（高水平组）总决赛在江苏南通举行。

随着德、智、体、美、劳全面发展的教育方针进一步深入贯彻，高校体育活动蓬勃地开展起来。中国女排夺得“五连冠”，在高校中更是掀起了排球活动的热潮。各省、市、自治区教委也陆续对体育竞赛制度进行了修订，排球被列为竞赛项目之一，定期举办高校学生排球赛。

（三）排球运动项目的特点

1. 击球技术特点

（1）允许身体任何部位击球

目前所有的球类运动规则都限定合法触球的身体部位，唯独排球竞赛规则规定训练者全身任何部位均可触球。所以，排球运动能使参加该项运动的人在击球过程中充分体现自我才能，展现各种高超的击球技巧。

（2）空中击球且触球时间短促

无论是在排球比赛中，还是在排球游戏中，训练者都必须击打在空中的球。因此，参加排球运动的人在时间和空间感觉上得到的锻炼和提高是其他球类项目不可比拟的。排球竞赛规则始终不允许“持球”，即不允许在击球部位停留的时间过长。这一特点既能提高训练者在短暂的触球时间内对来球的速度、力量、角度因素的准确判断能力，又能提高训练者把来球准确地击向预定目标的控制能力。

2. 战术配合特点

排球比赛双方都在利用规则允许的 3 次击球机会，通过精心设计和巧妙配合，在瞬息间完成精美的组合战术和激烈的攻防转换，体现了训练者的战术意识，队员之间合作的默契程度，具有严密的集体性和高度的技巧性。

3. 竞赛规则的特点

（1）独特的记分制

在每球得分制的比赛中，发球队胜 1 球得 1 分，接发球队胜 1 球得发球权同时得 1 分。

（2）攻防技术的两重性

在比赛过程中，各项排球技术既能得分，又能失分，具有攻防两重性。也就是说每项排球技术中攻中有防，防中有攻，相互制约，相互转化。这就要求排球训练者必须具有扎实的基本功，熟练和全面地掌握排球技术。

4. 场地器材设备的特点

场地可设在室内或室外，只要有一块空间，沙地上、地板上，草地上都可以进行排球运动。根据运动的目的，可选择多种球（软式排球，气排球等），比赛规则也较为简单且容易被理解。参加人数可多可少，运动负荷能大、能小，适合不同年龄、性别、体质和训练程度的人在不同场地上参与。

二、高校排球专项体能训练

（一）排球专项力量训练方法

通常来说，排球专项力量素质训练主要包括上肢、腰腹及下肢力量的训练。

1．发展手指手腕力量的训练方法

（1）手指用力屈伸练习

（2）手指用力抓空练习

（3）两人一球，用单手手指互相推球

手指自然张开，用手指的力量用力推球。

（4）身体离墙1米左右，用手指做推撑墙的动作

（5）向下抖手腕做拍球练习

（6）两人坐着用指腕力量传排球或实心球

（7）左，右两手互相对抗，用力抓夺排球

（8）用小哑铃或杠铃做腕屈伸练习

（9）手持哑铃做腕绕环练习

（10）手指或手掌撑地做俯卧撑

俯卧撑姿势，手指向前，以指尖支撑身体，身体保持平直，下降身体直到胸部接触地面，稍停后迅速用双臂撑起。下降时吸气，上撑时呼气，重复练习。

2．发展上肢肌肉力量的训练方法

（1）手握重物

（2）哑铃单臂颈后伸肘

（3）手倒立（靠墙或不靠墙）、手倒立行走或手倒立推起

直立抬头，一只手掌心向下握哑铃，将哑铃举过头顶，直臂，沿半圆运动路线向头后下降哑铃，直到前臂接触肱二头肌，上臂贴近头部。伸直肘关节，恢复哑铃在头上的姿势。向上运动时呼气，向下运动时吸气，重复练习。

（4）单人各种抛球练习

用前臂和手腕动作将实心球抛起用另一手接住，两手交替进行。双手背后将球抛起过头并接住。双手上抛，转体360°接住。仰卧，双手胸前向上传球，迅速起立接球。双手持球，弯腰从胯下向后上方抛球，转身接球。

（5）抛掷实心球练习

双手或单手持球上举，立姿或跪姿、坐姿，直臂或屈臂做向前、向后抛掷实心球练习。

（6）双人推小车，正向或反向

（7）俯撑，脚尖固定，两手交换支撑绕圆圈移动

（8）肩上单手或头上双手掷实心球练习

（9）自己或在同伴帮助下做侧手翻练习

（10）俯撑，手足同时离地做向侧跳跃移动

（11）手倒立推起（在同伴帮助下）练习

（12）双手持哑铃做前平举，侧平举和臂绕环练习

（13）徒手挥臂或做掷网球练习

3．发展腰腹肌肉力量的训练方法

（1）徒手或负重进行“元宝收腹”、仰卧举腿，仰卧起坐、体侧屈

（2）凳上或斜板仰卧起坐（徒手、负重）

（3）俯卧体后屈，另一人扶脚（徒手、负重）

（4）单杠或肋木上悬重举腿

（5）实心球练习方法

①双手持球或双脚夹球，在垫上做仰卧或俯卧折体起。②站立或分腿坐地，双手持球做体转和上体大绕环练习。③两手持球，臂上举，做以腰为轴上体后屈的腹背运动。④双脚夹球跳起，将球向前、向上或向后抛出。⑤一人仰卧于垫上，在其脚部稍远处站一同伴。同伴把实心球传给仰卧者，仰卧者接球坐起，同时将球用双手回传给同伴。⑥坐在垫上，双手持球，从头上向背后掷实心球。

4．发展下肢肌肉力量的训练方法

（1）负重连续快速提踵，半蹲跳，全蹲跳、弓箭步行走

（2）负重（沙枕、沙衣）左右交替快速上下台阶

（3）在海滩、沙地或木屑跑道上、软垫上做各种跳跃练习

（4）矮子步行走，要求双手摸脚后跟，行走距离视能力的提高而逐渐增加

（5）连续蛙跳、跨步跳、多级跳、单足跳练习

（6）连续跳跃一定高度的橡皮筋或栏架

（7）双足纵跳在空中转体

（8）单双脚跳绳及双摇跳绳练习

（9）壶铃深蹲跳

（10）杠铃负重半蹲快速提脚

（11）站立，两脚交替上踢，膝触胸

（12）两人相向半蹲，连续侧滑步移动并做双手胸前传球练习

（13）双脚夹球，跳起小腿后屈向上抛球后用手接球

（14）肩负队员半蹲起、全蹲起或左右脚交替做高蹬腿上下练习

（15）肩负杠铃坐在凳上，站起，连续做若干次

（16）仰卧拉腿

仰卧在垫子上，踝关节上固定阻力滑轮拉力带，拉力方向向脚下。双手掌心向下，在臀部下稳定上体，双腿交替快速进行抬腿练习。

5. 综合器械的训练方法

（1）胸前下拉

抓握拉杆向下拉至上胸部。重复上述动作。

（2）拉举杠铃

直立，抬头、直背，双臂下垂，在大腿上部高度，双手约肩宽间距握住杠铃杆。沿半圆运动路线，尽量向上提拉杠铃，并举杠铃到头上部。举起杠铃成直立姿势，然后返回开始姿势，杠铃提升时吸气，下降时呼气，重复练习。

（3）后倚下蹲

通过屈髋关节和膝关节使身体缓慢下降，直至屈膝 90° 。重复上述动作。

（4）坐式划船

拉横杠至腰部，挺胸，肩部向后，拉至臂部呈垂直位。重复上述动作。

（5）坐凳屈肘训练

一只手掌心向上持哑铃，坐在凳子上，双脚牢固支撑地面。上体微前屈，另一只手扶在同侧膝关节上。持哑铃的臂肘关节顶在同侧大腿内侧，沿半圆运动路线屈肘，抬起哑铃至肩的高度。向上运动时吸气，向下运动时呼气，双臂交替重复练习。

（6）屈髋收腹，上提膝关节，使之与臀同高，保持躯干稳固。重复上述动作。

（7）平托臂弯举

通过弯曲肘关节上举曲柄。重复上述动作。

（二）排球专项速度训练方法

1. 排球移动速度的训练方法

（1）原地快速跑计时练习

（2）原地小步跑或高抬腿跑转加速跑练习

原地小步跑或高抬腿跑时，根据教师发出的信号，突然向前加速跑的练习。

（3）结合排球场地练习各种移动步法

向前做小步跑或各种小碎步跑，向两侧做滑步或侧交叉跑，向后做后退跑或结合视、听觉信号做各种移动的互换练习。

（4）快速移动练习

看手势快速起动，在进攻线和中线之间或端线和进攻线之间往返快速移动。

（5）移动距离练习

根据教练员发出的视、听觉信号迅速起动、移动和制动，看哪个队员在规定的时间内移动距离长。

（6）跑中变方向练习

①队员站在距离教师 10 米的地方，看手势轮流起动跑向教师。在离教师 2 米～3 米时，教师突然给两侧手势，队员不减速朝指定一侧跑去。②同上，从 6 米处自动后退跑向教师。距其 2 米～3 米时，教师发口令同时做方向手势，队员听口令转身朝指示方向一侧跑去。③两队员相距 2 米，看手势迅速起动冲向教师，约冲出 3 米～5 米后，教师突然向两侧给手势，如指向右时，则左边队员追右边队员，要求在 10 米内追上。④第一排 5～6 名队员成纵队直线跑，看手势向两侧跑，看谁先冲出边线。⑤同上，从后退开始，听口令转身，同时看手势向两侧跑。⑥全队相距 2 米，成两行跑，看手势向两侧互追。⑦同上，成两行后退跑，听口令转身，同时看手势向两侧互追。

（7）排球半场对角线冲刺跑练习

（8）在网前 3 米快速移动接起跳拦网练习

（9）移动拦网后，后退垫球，再助跑做起跳扣球的组合练习

（10）前后、左右连续移动做垫球，传球练习

（11）扣球，拦网、调整传球、防守的组合练习

2. 排球反应速度的训练方法

（1）稍蹲、半蹲、低蹲、俯卧，仰卧或侧卧准备，看手势迅速起动练习

（2）跑动中看信号变向移动或急停练习

（3）看信号做双手传，垫球的动作练习

（4）冲刺接球练习

教师单手将球高举，队员在 3 米处准备，当教师突然抽手让球掉下时，队员冲跑在球落地之前将球接住。

（5）冲刺钻球练习

教师抛垂直球，队员定点起动，力争在球落地前从球下钻过。也可以是教师将球突然放手，让球下落并反弹起来，队员在第二次球落地前从球下钻过。

（6）抛接球练习

一名队员任意抛球，另一队员迅速移动接球后抛回。或一名队员抛球，两名队员轮流接球，也可由一名队员抛球，其他队员绕过若干障碍物将抛出的球接住。

（7）追赶同伴练习

全队做圆圆跑动报数，做好追人的准备，教练员随机喊 1 或 2，被喊到的队员立即加速追赶前面邻近的队员，要求在外圈一圈之内追到。

（8）转身接球练习

队员面对墙站立，教练员向队员后方掷出各种变换球的同时发出信号，让队员转身将球接住后再抛给教练员。

（9）利用视听觉的练习

运用视觉或听觉信号，做出各种快速起动和冲刺、移动、变向、急停和跳跃练习。

（10）垫墙上的反弹球练习

队员面对墙 2 米～3 米站立做好准备，教练员从队员身后突然将球扔到墙上，要求队员将反弹回的球垫起。教练员扔球的角度要根据运动员的反应能力而决定，并掌握好练习的难度。

（11）主动与被动拦网练习

两队员隔网相对站立，一人主动甩开对方跳起拦网，另一人力争不被对方甩掉，而与其同时拦网。

（12）速度练习

两名队员各站在篮球板的两个角下，看教师手势起跳单手（或双手）摸篮板，然后移动摸罚球线（或排球场端线），如此往返 3～5 次，看谁完成的速度快。

（13）队员背对墙面站立，自己对墙抛球并迅速转身将反弹球垫起

（14）从各种距离看手势起跑及冲刺练习

①绕过后面的队员做冲刺跑。②绕过后面队员做一圆半冲刺跑。③绕过前面的队员做冲刺跑。④绕过前面的队员后，踩在起跑线上后做转身冲刺跑。⑤前面队员绕后面队员一圆后，后面队员接力起跑冲刺。⑥后面队员绕过前面队员后，前面队员起跑冲刺。

（15）移动截球练习

教师在网前，队员在中场准备，教师向各位置抛出各种变化球，要求队员判断移动，在球未出半场或落地之前将球截获。

3. 排球挥臂速度的训练方法

（1）徒手连续快速挥臂练习

（2）手持篮、排、足球掷远

（3）扣吊球练习

要求动作放松，并有后振动作，抽打时肩部向上伸展。

（4）伸展练习

快速挥臂以扣球动作鞭打标志物如树叶，树叶应在扣球手臂上方最高处，鞭打时肩部向上伸展。

（5）排球扣球练习

两人一组，相距10米左右，相互单手肩上掷排球，要求以挥臂扣球动作掷球，并且使球出手与地面近似平行飞行。

（6）以扣球手法，在助跑起跳后挥甩网球、垒球或羽毛球

（7）做轻杠铃的提、屈、挺等快速练习

（8）两人一组，相距5米～6米，单手掷实心球

（9）结合球做挥臂练习

采用一人抛球，另一人扣球，在肩的前上方要有一根橡皮条或绳代替排球网，每组扣30次，两人交换。

4. 排球起跳速度的训练方法

（1）连续跨跳，单足跳或蛙跳

（2）连续做徒手助跑起跳扣球练习

（3）连续起跳拦快球10～20次

（4）连续起跳扣半快球10～20次

（5）计时，在30厘米台阶上跳上跳下10次

（6）连续跳3～5个不同高度的栏架或橡皮筋，要求连接的速度要快

（7）教师按规定的节拍左右移动横杆，队员穿沙衣或手持重物跳过横杆

（8）连续跳跃3～5个栏架或一定高度的橡皮筋，要求脚落地后立即跳起，连续性和节奏感要强

5. 排球速度素质的游戏训练

（1）“鸭子步”接力赛

培养学生的移动速度。在排球场内进行，准确排球若干，起点线和终点线各两条。

将学生分成人数相等的两组，各队站在起点线后做好准备。听到信号后，学生模仿鸭子走到终点线。到终点线后再跳过场地上的若干排球，回到该队，与下个队员击掌后才能开始。先做完的组获胜。注意做鸭子步必须到位，重心要低，并且手必须抓住脚跟；队员归队途中必须从球上跳过，且不能碰到球，碰到球须将球放好后重新做。

（2）叫号赛跑

提高学生的反应能力和移动速度。在排球场内进行，准备 3 个排球。

把学生分为两组，人数相等且相隔 2 米，相对而坐，从左到右依次报数。要求每位同学记住自己报的数字，在两列横队的左边放一个排球代表奇数，在两排横队的右边放 2 个排球代表偶数，用简单的方法计算。如果结果为偶数，两队同学开始跑动触摸两个球，奇数则摸一个球，先摸到的同学为胜并得 1 分，后摸到的得 0 分，最后以得分多少来决定胜负。注意当出题的人说完题后，在说“开始”时两队队员方可站起来跑回目的地；在跑的过程中，不能相互影响，不准抓对方的衣服。

（3）抢球游戏

提高学生的反应速度。在排球场内进行，准备排球若干。

学生站成圆的队形，面朝圆心，双手将排球平托于背后，选一名学生做抢球人，在圆圈外沿逆时针方向慢跑，在慢跑中趁托球者不备，从其手中抢球后逃跑，被抢者立即追赶，如果抢球人在回到被抢球者位置之前被抓，抢球人继续慢跑抢球，如果不被抓则被抢者替抢球者慢跑抢球。依此类推。注意学生必须沿逆时针方向追逃；抢球人若跑出圈外 1 米范围之外，则算被抓住。

（4）圆周等距跑

发展学生的速度素质和一般耐力素质。在排球场内进行，准备排球 2 个。

学生手拉手围成一个圆圈，并依次报数并记住自己的数字，在大圆心上画一个直径为 50 厘米的小圆，内放两个排球。裁判员任意叫号，被叫到的两人立即起动去抢小圆中的排球，抢到后按顺时针方向从圆外绕大圆绕跑一周，以先从自己原来的位置跑到小圆内并把排球放稳为准，先回到自己的位置者为胜，然后继续叫号，依此类推。抢跑者取消游戏资格，叫号后学生要立即动身，抢到球后必须从自己位置上开始绕圈跑动，跑进大圈后，必须把排球放在小圆内，排球稳定后方可跑回自己的位置。

（5）变向移动

提高学生跑动时变向移动的速度。在排球场内进行，准备 9 个实心球，分别放在排球场中线上 3 个，端线上 3 个，两腰和中心点各 1 个。

将学生分成人数相等的两队，分别在端线外站好。当听到信号后，排头先向右移动摸端线上的一个实心球，再移动至左侧摸第二个实心球，依次摸第三、四、五、六个实心球后折回本队击拍第二人手掌，第二人再依次摸每个实心球，全队依次进行，速度快的队获胜。注意手必须触及实心球，否则重做摸该球的动作；触及实心球的方向和顺序要正确，不能干扰另一组移动。

（6）变向快速赛跑

提高学生在移动中变换方向的灵活性和快速移动的能力。在排球场内进行。

将学生分成人数相等的两队，在排球场端线外站好。当听到信号后，两队排头立即做沿直线小跑前进，同时逆时针做连续转体 90° 的小步跑动作练习，触摸中线后疾跑回本队击拍第二人手掌，全队依次进行。在规定时间内速度快的队获胜。注意学生要连续转体一周，中途不可停留；触摸中线时，手要摸到线；学生在跑回时，必须先击下一人的手掌后，接力人才能进行跑动练习。

（三）排球专项耐力的训练方法

1. 排球速度耐力的训练方法

（1）移动训练

通过观察教师的手势连续向右前、前、左前方进退移动，2 分钟～3 分钟为一组。

（2）个人连续地跑动传球或垫球 10～15 次

（3）连续地跑动滚翻或鱼跃救球

（4）队员连续移动接教练员抛出的不同方向、不同弧度的球

（5）单人全场防守，要求防守 15 个好球为一组

（6）36 米移动

学生站在进攻线后看信号起动，前进时必须用双手摸到中线，后退时双脚必须退过进攻线，前进、后退两个来回后接侧身滑步或交叉步移动（不许转身）两个来回，用单手摸线，然后做钻网跑。单手摸对方场区进攻线，折回时单手摸出发线。

（7）20 米～30 米冲刺跑 7～8 组

（8）学生连续移动接教练员掷出的不同方向、不同距离的地滚球

2. 排球弹跳耐力的训练方法

（1）连续小负荷多次数的力量训练

（2）连续跳上跳下台阶或高台

（3）连续原地跳起单或双手摸篮板或篮圈

（4）连续收腹跳 8～10 个栏架

（5）规定次数、时间、节奏的跳绳

5 分钟跳绳练习，双脚双摇跳 30 秒，左脚弹跳 1 分钟，右脚弹跳 1 分钟，完成两个循环正好 5 分钟（可根据训练水平调整负荷）。

（6）30 米冲刺跑 10 次，每次间歇 15 秒～20 秒。

（7）弹跳练习

用本人弹跳 80% 的高度连续跳 20～30 次为一组，跳若干组，组间休息 2 分钟～3 分钟。

（8）个人抛球练习

个人连续扣抛球 10～20 次为一组，扣若干组，组间休息 3 分钟。

（9）两人抛球练习

两人轮流连续扣抛球 30～50 次为一组，组间休息 2 分钟～3 分钟。

（10）滚翻救球练习

3～5 人一组，连续滚翻救球，每人 30～50 次。

（11）扣防结合练习

队员扣一个球退到进攻线防守一个球，连续进行 10～15 次为一组。

（12）连续移动拦网

队员在 3 号位原地跳起拦两次，落地后移动至 4 号位拦一次，再回到 3 号位拦一次，移动到 2 号位拦两次，再回到 3 号位拦两次。如此重复 2～3 个循环为一组。

3. 排球综合耐力的训练方法

（1）按顺序训练

在身体训练后进行排球比赛或在比赛后进行身体训练。

（2）象征性排球比赛模仿练习

队员从 1 号位防起一个扣球之后，前移防起一个吊球，再移动到 6 号位调整传球一次，移动到 5 号位防一个扣球，再移动到 4 号位扣一个球，移动到 3 号位做一次拦网动作，后撤上步扣球，再移到 2 号位。一次单脚起跳扣球为一组，连续做若干组。

（3）训练比赛耐力

连续打 5～7 局或 9～11 局的教学比赛，可训练比赛耐力。

（4）按序做规定动作

按场上轮转顺序，在 6 个位置上做 6 个不同的规定动作，连续进行若干组。例如，1 号位跳发球→ 6 号位左右补位移动救球→ 5 号位滚翻防守救球→ 4 号位扣球→ 3 号位拦网→ 2 号位后撤鱼跃救球。

4. 排球耐力素质的游戏训练

（1）看谁摘得多

发展学生的弹跳耐力，提高学生排球扣球起跳技术。在排球场上画一条起跑线，在线前 2 米～4 米处吊起若干个排球。

将学生分成若干组，各组成一路纵队面对吊起的排球站在起点之后。游戏开始，学生依次用排球助跑起跳的方法用手触球，触到球者得一分，规定时间内，每人起跳触球若干次后游戏结束，以累计总分多的组为胜。要求学生必须用扣球助跑起跳的方法触球。

（2）扣球记分

提高学生的弹跳耐力和扣球的准确性。排球若干，将排球场分割成相等的 6 块并标上分数。

将学生分成人数相等的若干队，在 4 号位准备扣球。由教师或二传抛球，全队依次把球扣过球网。以球落点的区域计算得分，在规定时间里累计得分最多的为胜队。注意扣球与吊球得分均有效，扣球时触网、过中线及球出界则无效。

（四）排球专项柔韧的训练方法

1. 手指手腕柔韧性的训练方法

（1）进行压腕练习

练习者两手相对，指尖向上互触，反复弹压练习。手持短器械做腕绕环练习。

（2）转腕练习

要求学生一手侧扶肋木，两腿前后分开，脚跟着地并固定，做前、后转腕练习。

2. 肩关节柔韧性的训练方法

做两臂前后绕环和上下摆动练习。手扶墙（或肋木）压肩、压腰练习。在单杠和肋木上做单拉，双拉肩练习。学生两人背向站立，双手互握，左右侧拉。学生两人相对，手扶对方肩部，同时做体前屈压肩练习。背对肋木坐下，两手从头上握住肋木，两脚不动，腰尽量向前挺起，持续数秒钟。

3. 腿部柔韧性的训练方法

两腿交换做前、后、左、右摆振练习。做各种踢腿动作，如向前踢、向后踢、向侧踢等，可以徒手做，也可以扶墙或肋木等做。

4. 腰髋柔韧性的训练方法

上体弹振前后屈（后屈时加弹性阻力和保护）。双手握单杠或吊环做腰回旋动作。做队员背对背直臂互握平举或屈肘互勾的大幅度转体动作。纵劈腿，横劈腿。正压腿，侧压腿（在地上或肋木上）。屈腿坐下，两脚掌心相对，双手将膝关节向下弹压。背向双手头上握肋木，双脚固定，做腰、髋前挺练习。

5. 踝关节柔性的训练方法

跪坐压踝。踮起脚尖，做踝关节的绕环练习。负中等重量，踝关节作曲伸动作，如提踵。把脚放在高约 10 厘米的木板上，足跟着地，做负重全蹲练习。

6. 排球柔韧素质的游戏训练

（1）排球接龙

培养学生关节的柔韧性，以及团队意识和协作精神。在排球场内进行，准备排球 2 个。

将学生分成人数相等的两队，成纵队站立，排头持球。首先将排球从胯下传至最后一名队员，再由后至前将排球从头上传至排头，所用时间最少队为胜。注意从胯下传递球时必须是手递手的传接球，不能将球滚动给下一名队员，由队尾至排头时，必须让球垂直头顶传过，而不能从侧面传。

（2）强者争斗

加强学生下肢的柔韧性，减少意外受伤的情况，增强学生团队意识。在排球场内进行，准备排球 4 个。

把学生分成人数相等的两队，分别站在端线两边，在排球网下画两个圆圈，将 4 个排球分别放在两个圈中。听到信号后，每队的第一名队员开始向前跑动，从网下钻过至另一边，用手摸到端线返回，再返回途中，将网下两个排球抱回交给第二位队员，第二位队员穿过网后，手摸到另一端线返回，到网下将球放入圆圈内，归队后与下一队员击掌后，下一队员开始跑动，依次交替进行，先完成者为优胜。注意学生必须从网下钻过且不能触网，到另一侧端线必须手触到端线，球放到圆圈内并且稳定后才能归队。

（3）传球绕标赛

提高学生的柔韧素质，以及传球、控球能力和眼睛环视的能力。在一块较大面积的平整场地内进行，准备标杆和排球若干。

将学生分成人数相等的若干队，成纵队分别在出发线后站好。听到信号后，排头迅速自传球前进，并绕过途中的标杆，当绕过最后一个标杆后迅速跑回本队，将球交给下一人，下一人做同样动作，直至全队依次做完为止。速度快的队为优胜。注意没有绕标杆的为犯规，应重做；全队犯规 3 次取消比赛成绩；如球落地，应在该处捡球后继续做。

（4）双人俯卧传球赛

提高学生的柔韧素质，以及传球的节奏感和控球能力。在排球场内进行，准备排球若干。

将学生分成两人一组，每人一球。听到信号后，一人从下传反弹球给另一人，然后再从空中互传，待接到球后，两人同时做一次俯卧撑，然后继续做一人从下，另一人从上的传球，循环 5 次后互换传出球的路线，再做 5 次。以速度快、传球配合好为优胜。注意传球，做俯卧撑两人应同步进行，配合要好；做动作要到位，不能只求快而忽视动作质量。

（5）骨传球

发展学生的柔韧素质，练习背传技术，提高传球的准确性。在排球场内进行，准备排球 2 个。

将学生分成人数相等的两队，各成一路纵队，队员之间相距 1 米，排头持球。听到信号后，排头用背传方法将球传给排二，然后依次传到队尾，排尾队员接到球后快速跑到队前背传球，游戏继续进行，依此类推，到恢复原队形为止，以先完成的一队为胜。注意传球必须按次序进行，队员之间要保持 1 米的距离；传球失误，必须由失球人捡回，从失误处重新开始传球，不得遗漏。

（6）推拨球接力赛

提高学生下肢的柔韧性，以及手控球的能力。在排球场内进行，准备排球 2 个。

将学生分成人数相等的两组在端线外列队，当听到信号后，排头将一个排球以地滚的方式推拨前进至限制线，然后再转身往回拨地滚球，交本队第二人，全队依次进行，速度快的队获胜。注意不许持球跑，否则重做；不许脚碰球，触球的手要始终摸到球。

（五）排球专项灵敏的训练方法

1. 控制性的训练方法

（1）要求学生两臂同时分别向前、后绕环

按教师口令，两臂分别做不同顺序、不同起始节拍的动作。左手前平举，右手在体侧不动—左手上举，右手前平举—左手侧平举，右手上举—左手下放体侧，右手侧平举—左手不动，右手还原。

（2）两足跳跃练习

两足开立和并拢连续跳跃，双手从体侧平举至头上击掌，最后还原。分足跳时，双手头上击掌，并足跳时双手侧平举。

（3）连续交换单足跳跃

前踢腿时，双手触足尖，后踢腿时，双臂上振。反复进行。一条腿前踢落地后换另一条腿后踢。

2. 垫上的训练方法

连续做前（后）滚翻练习。做鱼跃前滚翻练习和手撑兔跳练习。做左右侧滚翻练习。双人前滚翻练习。做前滚翻—左（右）横滚动—快速起立—原地鱼跃—跪跳起练习。做直体前扑—手掌胸前击掌—推起穿腿—蹬足练习。双人鱼跃横滚翻前进。三人两边交叉鱼跃横滚翻。三人两边鱼跃前滚翻练习。

3. 橡皮筋垫上的训练方法

高度1米左右（也可根据队员弹跳高度确定），双脚跳起收腹将橡皮筋踩下，再接前滚翻，或接跪跳起，或接鱼跃。

两条橡皮筋，跳过一条后接俯卧撑，跪跳起后再跳过另一条。做一定高度的侧手翻过练习。双脚跳过橡皮筋接跪跳起后再跳过橡皮筋。一高一低两条橡皮筋，中间距离尽可能小些，做鱼跃前滚翻，从中间过，要求上下不得碰橡皮筋。

一高一低两条橡皮筋，俯卧式跳高从中间过，再接横滚起。

一高一低两条橡皮筋，兔跳过，可以来回做，也可以从中间过去，从下面回来。

一高一低两条橡皮筋，用向侧前方鱼跃方法从上面过后再接横滚从下面过第二个橡皮筋。可以来回做。

一高一低两条橡皮筋，两次鱼跃前滚翻过，或先做兔跳过，再做鱼跃前滚翻过。

4．弹跳板的训练方法

做前屈体摸脚面。原地或助跑高跳，做收腹展腹练习。做前、后或左，右分腿跳。两次转体、落地后接前滚翻或接鱼跃。

5．结合场地和球的训练方法

学生做拦网落地后，接鱼跃或滚翻垫球，再上步扣球。

学生做前扑一向后撤步移动一向前单足蹬地鱼跃一向侧后滚翻的组合练习。

根据不同信号，学生分别做快速起动、制动、变速、变向及跳跃、滚动等动作。

将球用力向地面击打，待其反弹后从球下钻过，反弹一次钻一次，力争钻的次数多一些。可以两人比赛。

教师灵活运用扣、吊球手法，将球击到边（端）线附近，学生移动垫球，接界内球，不要接界外球。

网前拦网一次，转身退到进攻线救一个球，然后回到网前传一个球。

两人一组，一人跳传另一人抛来的球后接着做扣球动作，若干次后交换。

持球躺在地板上，自己向上抛球后立即起立将球接住。

教师灵活运用扣、吊或抛球的方法支配球的速度和落点，学生判断球落位置后，将球回传（垫）给教师。

三人一组，中间的学生分别接两边队员的平抛球做向后倒地传球。

两人一组，一人侧传另一人抛来的低平球后接滚翻，若干次后交换。

6．排球灵敏素质的游戏训练

（1）搬家游戏

提高学生的反应及灵敏性，培养学生的团结协作精神。在排球场内进行，准备排球若干。

全体学生先围成圆，每 3 个学生分一个球。当听到“野兽出没”时，3 名学生迅速并列站在一起，并且排头学生持球站立在所画的小圆圈里，当听到“猎人出动”时，两个无球学生手挽手架起一座桥；另一学生双手持球蹲在圈内；当听到“兔子搬家”时，蹲在圆内的学生必须跑向另一个圆，依此类推，按口令做动作。注意蹲下的学生必须持球在圈内，搬家时必须持球；漏球或跑不到圆圈内者做体能练习。

（2）圆周等距跑

提高学生的协调性和灵活性，发展其速度素质和一般耐力素质。在排球场内进行，准备排球 2 个。

让学生手拉手围成一个圆圈，并依次报数并记住自己的数字，在大圆心上画一个直径为 50 厘米的小圆圈，内放两个排球。裁判员任意叫号，被叫到的两人立即起动去抢小圆圈中的排球，抢到后按顺时针方向从圆外绕大圆绕跑一周，以先从自己原来的位置跑到小圆圈内并把排球放稳为准，谁先回到自己的位置者为胜，然后继续叫号，游戏依此类推。注意抢跑者取消游戏资格；叫号后立即起动，抢到球后必须从自己位置上开始绕圈跑动；跑进大圆后，必须把排球放在小圆圈内，稳定后方可跑回自己的位置。

（3）穿校接力

让学生熟悉垫球部位，发展其灵敏性和协调性。在排球场内进行，准备排球若干。

将学生分成人数相等的两组，并在排球场端线站好。听到信号后，排头在垫击球的部位将球托起，并且垫球跑动前进，穿过球网到对区端线处，球交给下一个人，该人接过球依旧垫球跑动前进，全队依次进行。速度快的队为优胜。注意球落地后应立即捡回，并在掉球处重新开始做；不允许以双臂夹球的方式前进。

（4）抛球换位

发展学生的灵敏素质，提高其动作速度。在排球场内进行，准备排球 3 个，等边三角形场地 1 个。

将学生 5～8 人分为一组，共分 3 组，分别呈纵队面向三角形站在 3 个圆圈外，排头持球站在顶点上。游戏开始，各组排头听信号后同时将球垂直向上用力撤起，随后马上按逆时针方向跑动换位去接右方一组排头抛起的球，排头接球后交给身后第二人抛球，之后站到该队排尾。依此类推，每人抛接数次后结束，以失误少的组为胜。注意抛出的球必须在三角形的顶点上方，尽量垂直；球要有一定的高度；球左右摆动幅度不得超过 0.5 米。

第二节　游泳运动项目体能训练

一、游泳运动

（一）游泳运动的起源

早在远古时代，居住在江、河、湖、海一带的古代人为了生存，必然要在水中捕捉水鸟和鱼类等生物，将它们作为食物。他们通过观察和模仿鱼类、青蛙等动物在水中游动的动作，逐渐学会了游泳。因此，游泳是在社会发展的过程中，在人类征服自然和改造自然的过程中产生的。随着人类社会的不断发展，游泳运动还被扩展到军事、生产劳动、娱乐等诸多方面。

（二）游泳运动的分类

游泳运动是人类在长期与大自然的斗争中逐步形成的，具有广泛的实用性。随着现代竞技体育的发展，游泳运动也逐步向竞技游泳这种形式发展和转化。根据游泳活动的直接目的，可以将游泳分为三种：大众游泳、实用游泳和竞技游泳。

1. 大众游泳

大众游泳是指以游泳动为基本手段，以增进身心健康、丰富业余生活为直接目的的各种游泳活动。大众游泳包括健身游泳、娱乐游泳、康复游泳等。

2. 实用游泳

实用游泳是指直接为生活、生产或军事服务的游泳技术。它是一类专门技能，包括踩水、侧泳、反蛙泳、潜泳及救生等。

3. 竞技游泳

竞技游泳是指具有特定的技术规格，并按游泳竞赛规则进行比赛的游泳运动项目。正式的游泳竞赛项目有蛙泳、自由泳、仰泳、蝶泳、个人混合泳、接力六大类。正式比赛所用的国际标准游泳池长 50 米，宽 25 米，深 1.8 米以上。泳池设 8 条道，每条泳道宽 2.5 米，分道线由直径 5 厘米～10 厘米的单个浮标连接而成。

（三）游泳运动的功能

1. 保障生命安全

人类在生活中不可避免地要与水打交道，无论是主动地下水游泳、玩耍或进行水上生产作业，还是被动地失足落水或乘船发生意外，如果不会游泳，生命安全就会受到威胁；如果会游泳，自身的生存就会有保障，不但可以自救，还可以救助他人。因此，游泳成了保证生存的重要手段之一，成为人类的一种基本生存技能。世界上不少国家将游泳列为青少年学生必修的运动项目，并要求学生从小掌握游泳技能。

2. 强身健体

游泳的健身作用主要表现在以下几个方面。

（1）增强心肺功能

经常参加游泳的人，心脏会得到很好的锻炼，心肌会更发达，收缩能力会得到增强，有利于促进机体新陈代谢。

对于呼吸系统来说，游泳运动是所有运动项目中对其影响最大的一个项目。游泳中所需的大量氧气要通过增大呼吸深度的方法取得，经过长期的游泳锻炼，人的呼吸肌会逐渐发达、强壮有力。由于呼吸肌的力量增加，在吸气时就能把胸腔扩张得更大，所以经常游泳的人，安静时的呼吸显得深而慢，每次呼吸后能有较长的休息时间，不易产生疲劳，又能满足机体的需氧量。

（2）健美体型

游泳运动还有助于健美体型。游泳能帮助人矫正某些不正常的体型，因为游泳时，人总是要尽量伸展脊椎，加长划水动作路线，这对矫正驼背、脊椎侧弯，预防驼背、脊椎弯曲都大有好处。同时，游泳时人体被水的浮力托起，身体各部位特别放松，非常舒展。在这种情况下活动，可以使身体各部分机能得到均匀和全面的发展。所以经常参加游泳锻炼能够塑造一个健美的体型。

（3）滋润皮肤

经常游泳的人，由于身体在水中受到水流地摩擦，再加上水中含有一些矿物质和游泳池水的漂白作用，促进了皮肤毛细血管中的血液循环和表皮细胞的代谢，如果游泳后抹上一些防晒霜或护肤霜等化妆品，还可以使皮肤洁白柔嫩，光滑圆润，并富有一定的弹性和光泽度。

3. 培养意志品质

学生在初学游泳时，首先要克服怕水心理。要长期坚持游泳，就要克服怕苦、怕累、怕冷心理。尤其是在大风大浪的江河湖海中游泳和进行冬泳，没有勇敢顽强的精神和坚强的意志是坚持不下去的。因此，长期的游泳运动可有效磨炼学生的意志，培养其勇敢顽强、不怕困难的品质。

4. 娱乐休闲

大众游泳活动可以不拘形式与内容，不受年龄、性别限制，是一项“休闲体育”。在盛夏，人们以家庭或以团体为单位，或与亲朋好友一起到泳池、水上游乐处或海滩进行游泳、游戏、纳凉消暑，不但能使肌肉得到放松，而且能使紧张的神经得以放松，心情舒畅，有利于身心健康。

（四）游泳运动的安全卫生常识

1. 安全注意事项

对于初学游泳的学生来说，初次参加游泳锻炼必须十分注意安全卫生，且具备一定的救护常识，才能防患于未然，真正达到增强体质和增进健康的目的。

（1）游泳前要做好充分的准备活动

游泳前，要做好充分的准备活动，使身体各器官各系统做好游泳的准备；下水时，用水浇浇头部、胸部和四肢，以免因突然下水刺激神经、皮肤、肌肉，出现腿脚抽筋和其他不良反应。

（2）认真进行体检

游泳体能消耗较大，加上水的特殊环境，有些疾病患者是不宜参加的，所以游泳前应进行全面的体检。凡患有严重心脏病、精神病、癫痫、各种传染病、中耳炎、鼻窦炎的都不宜游泳，有开放性伤口、女生月经期也不宜游泳。否则对己不利，也容易把疾病传给别人。

（3）妥善选择游泳场所

一般人工游泳馆安全性较好。在天然水域游泳必须选择水质干净的地方，要注意水的深度、流速。凡有淤泥、乱礁、树桩、急流漩涡、水草丛生和船只来往频繁的水域皆不宜游泳；有鲨鱼的水域、工业污染的江河湖海也不宜游泳。

（4）科学、合理安排运动量

进行游泳锻炼时，运动量的大小因人而异，一般来说应根据每个人的身体状况、气温、水温科学合理安排，以获得适度的疲劳感为宜。

（5）掌握正确的呼吸方法以避免呛水

游泳时，如果用鼻吸气，水就会随空气一起吸入鼻腔，刺激呼吸道引起咳嗽，这就是呛水。初学游泳者应该掌握正确的呼吸方法。各类游泳运动有不同的配合动作，但呼吸方法相同，为避免呛水，一般都用嘴吸气，用口、鼻同时呼气。

（6）剧烈运动后或饭后、酒后，不宜立即下水游泳

一般在饭后1小时后再游泳为宜，以免在游泳时发生呕吐，影响消化系统功能。酒后或剧烈运动后游泳，会使扩张的皮肤血管突然受到冷的刺激而急剧收缩，内热难散，使内热平衡受到破坏，血液循环受阻，加重心脏负担。

（7）游泳后的卫生保健

游泳后，应在水中做全身放松运动，调整呼吸再出水，出水后，及时淋浴，擦干身体，穿好衣服，注意保暖；应点眼药和鼻药，以防止眼部和鼻部感染。

（8）注意保护耳朵

游泳时，由于呼吸不当或其他原因，水极易由口和鼻进入中耳，可能引起中耳炎，因而耳朵进了水应立即排出。排出方法：左耳进入水，可把头歪向左边，用左脚单脚跳几下，同时左手拉耳垂，耳朵内的水就可排出；右耳亦如此。除此之外，耳屎较多的人，游泳前应清除，否则被水浸泡，耳屎胀大，容易引起耳痛。

2．水上救护

水上救护是指当水中发生溺水事件时，救护者对溺水者采用的施救方法。水上救护是保障游泳者生命安全的一项重要措施。其指导思想是以防为主，以救为辅，防救结合，有备无患。因此，学会和掌握一定的救护知识是十分必要的。它一般可以分为直接救护、间接救护和自我救护三种。

（1）直接救护

直接救护是在没有任何救生器材的情况下，救护者直接入水对溺水者施救的一种方法。这是游泳救生员必须掌握的一门技术，也是水上救护中最重要的环节。它一般可分为入水前的观察、入水、游近溺水者、水中解脱、拖带、岸上急救等过程。

入水前的观察。当发现溺水者时，在条件允许的情况下，救护者应边观察，边脱掉鞋衣，判断溺水者的方位和距离，根据水域情况选择入水地点。如果在静水中，救护者应选择离湖水者最近的地点入水；如果在流水的江河中，救护者应在陆地上跑到溺水者上游入水。

入水。入水是指救护者由岸、池（船上）边跃入水中的一种技术动作。一般情况下的入水方法有两种：一种是在熟悉的水域，可采用助跑的出发式入水；另一种是在不熟悉的水域，采用下肢先入水的方法，如跨步式，即两腿前后分开，两臂两侧伸开，掌心向下，入水瞬间，两腿向下压夹水，两臂由两侧往前下方压水，尽量使头部不浸没水中，以便观察溺水者的位置和溺没的详细情况。

游近溺水者。救护者在入水后，一般会采用速度较快的抬头蛙泳，以便观察溺水者的动态。游近离溺水者 2 米时，改为踩水，深吸一口气，潜入水中，游到溺水者背后，两手托住溺水者腰部或髋部向上举起，使溺水者头部出水吸气，减少溺水者的紧张心理，然后进行拖带。如果从正面直接救护，应果断地用右（或左）手，握住溺水者右（或左）手腕，用力向右（或左）边一拉，使溺水者的身体旋转，背向自己，即可将溺水者拖带出。

水中解脱。水中解脱是指救护者被溺水者抓住或抱住后的一种解脱方法。一般来说，溺水者落水后往往都处于慌乱的状态，为了求生，常常抓住或抱住救护者不松手，所以救护者必须掌握一定的解脱方法。解脱方法一般都是运用反关节和杠杆原理进行，其主要方法包括以下几种。

第一，推颌解脱法。如果溺水者从正面抱住救护者，救护者可一手托住溺水者的下颌并向上推，另一手同时紧抱溺水者的腰部向前拉，即可解脱。

第二，虎口解脱法。如果救护者两手腕被溺水者抓住，可迅速用力将两臂从里向外扭转，即可从溺水者虎口处解脱。

第三，扭颈解脱法。如果溺水者从背后抱住救护者的双腿，救护者可以侧身用两手分别按在溺水者的头顶和下颌，然后将溺水者头部用力向外扭转，由此便可解脱。

第四，扳指解脱法。如果溺水者从背后拦腰抱住救护者，当救护者两臂未被束缚时，可用左右手分别抓住溺水者左右手的一指向外扳开，接着将溺水者的双手上举，使身体下沉，即可解脱，并从溺水者腋下穿绕到溺水者背后，进行拖带。

第五，托肘解脱法。如果溺水者从背后抱住救护者颈部，救护者可用一只手抓住溺水者抱在上面的手，另一只手用力将溺水者的肘关节向上推，乘机脱出头部，绕到溺水者背后，进行拖带。

拖带。拖带是指救护者水上运送溺水者到岸边方法的统称。拖带方法主要可分为以下几种。

第一，仰式拖带法。救护者两手托住溺水者两侧下颌，采用仰式反蛙泳进行拖带。

第二，蛙泳拖带法。如果溺水者会游泳，只是因为太累或抽筋而必须救护时，可让溺水者两手扶住救护者两肩或腰背部进行拖带。

第三，侧泳拖带法。救护者用左（右）手从溺水者背后左（右）肩通过溺水者的胸前，握住溺水者腋窝后面的肩胛骨上，身体侧卧，一只手在水下划水，两腿蹬夹前进。

岸上急救。救护员将溺水者拖带上岸后，要及时进行急救。急救的内容包括人工呼吸、排出腹水、胸外心脏按压，以及转送医院进行抢救。

（2）间接救护

间接救护是指救护者利用救生物品（救生圈、救生衣、绳索、竹竿、轮胎、泡沫块、木板等）对较清醒的溺水者实施救助的一种方法。其特点是安全可靠，迅速省力，救护效果好。下面介绍两种常用救生器材的使用方法。

救生圈。最好在救生圈上系一条长绳，当发现溺水者时，可迅速将系好绳索的救生圈扔给溺水者。如果在江河里发现溺水者就应向溺水者的上游扔救生圈，溺水者得到救生圈后，可将他拖上岸。

竹竿。溺水者离岸或船较近时，可用竹竿伸给溺水者，待溺水者握住竿后将他拖至岸边或船上。

（3）自我救护

自我救护是指泳者在水中身体出现异常情况或险情时采取的应急措施的总称。当游泳者身体出现异常情况时，首先，应保持镇静，不可慌张；其次，视其具体情况，采取自我解救方法。自我救护方法主要包括以下几种类型。

防呛水。掌握正确的水中呼吸方式，是避免呛水的主要办法。如果已经呛水，也不要慌乱，应迅速调整呼吸，用仰泳或踩水姿势，使头露出水面，缓解呛水带来的身体不适。

防止抽筋。游泳者在游泳过程中，往往会出现身体异常，引起抽筋。抽筋的部位主要是小腿和大腿，有时手指、脚趾也会发生。游泳前没有充分做好准备活动，身体过分疲乏，水凉刺激，精神紧张等，往往是引起抽筋现象的主要原因。当发生抽筋时，游泳者可采用以下自我救护方法。

其一是小腿、脚趾抽筋。先深吸一口气仰卧水面，用不抽筋的腿轻轻做踩水动作保持身体在水面平衡。然后用抽筋肢体对侧的手握住抽筋肢体的脚趾，用力向身体方向拉拽，同时，用力弯脚尖，另一只手放膝盖上，用力帮助膝关节尽量伸展。

其二是手指抽筋。手握拳，然后用力张开，反复多次，直至抽筋消除为止。

其三是大腿股四头肌抽筋。先吸一口气仰卧水面上，尽量向前收紧抽筋腿，双手抱脚加力使大腿靠近胸部。小腿紧贴大腿，然后用力伸腿。

其四是腹部肌肉抽筋。吸满气仰卧水面，腿尽量收向胸前，收腹含胸，双手抱腿加力，然后用力伸展腿和身体。

其五是当水草缠身时。此时应避免乱蹬踩，应先吸一口气，冷静地用手慢慢解脱，解脱后改游仰泳通过水草密集区域。

其六是当遇到风浪时。小风浪，可将头转向顺风浪一侧吸气；遇到大风浪，则宜采用滑顶的蛙泳姿势游进，待浪头过后，抓紧时间换气。

其七是遇到漩涡时。遇到漩涡应绕过去，如果被卷进去，不要踩水，要迅速使身体平卧于水面，然后用最熟练、最快的游泳姿势，顺着漩涡流向迅速冲出去。

二、高校游泳基础体能训练

（一）一般力量训练

在游泳运动中，力量是主要的身体素质，重视力量是现代游泳训练的显著特点，陆上和水上力量训练已成为游泳的重要训练内容之一。

1. 游泳运动的肌肉力量特征

游泳时所处的环境是水环境，其密度比空气要高八百多倍。人体在水中运动时需要克服比空气大得多的阻力，这就需要在每一次划水中，参与运动的肌群要有足够的力量，从而获得更快的游泳速度。因此，肌肉力量成为制约游泳速度的重要因素之一。

高校里学习游泳的学生在游泳时，手臂与腿对水的作用过程和肌肉收缩的过程具有等动性质，肌肉收缩的支撑点也各不相同。手臂划水和蛙泳蹬腿主要是以远端支撑为主的运动，而打腿动作则是以近端支撑为主的运动。游泳力量的特征和性质是设计游泳力量练习方法和手段，以及设计游泳力量练习器械的主要依据。

研究游泳运动时肌肉和肌群的工作情况，了解游泳姿势、各种游泳动作肌肉参与和工作的情况，以及准确判断各肌群的训练水平，有利于学生科学地制定游泳计划，有针对性地发展游泳运动肌群，以获得良好的锻炼效果。

在进行力量训练时，发展原动肌（起主要作用的肌肉）的力量和提升力量耐力是训练的重点。原动肌是指在游泳中参与产生推进身体前进的动力而做功的肌肉群。

2. 影响力量训练效果的因素

在游泳运动中，影响力量训练效果的因素主要包括两个方面：一是生理因素，其是从肌肉生理特点出发，通过训练和“改造”，使肌肉收缩处于理想状态，有利于增大和发挥肌肉力量；二是练习因素，其是从训练学角度研究刺激方式、强度、时间等练习因素的变化与组合，最大限度地提高力量训练效果。

（1）生理因素

①肌肉生理横断面面积。尽管肌肉生理横断面面积是影响肌肉力量大小的主要因素，但在游泳力量练习中，要注意适度且有选择地增大肌肉体积。

②肌肉初长度、温度。肌肉初长度（肌肉开始收缩前的长度）和温度是发挥肌肉收缩作用的前提条件。肌肉初长度（在生理范围之内）和温度适宜，可使肌肉纤维处于生理、生化的最佳激活状态，从而提高肌肉的收缩效果。因此，在力

量训练前要充分做好准备活动，使肌肉发热，并结合柔韧练习，使肌肉进入“工作状态”，以帮助提高力量训练效果。

③肌纤维的百分比。在游泳运动中的力量训练要根据专项力量的特点来选择练习形式、方法与手段。游泳力量训练会因不同游泳距离对力量训练产生不同要求，而使肌纤维百分比构成发生适应性变化，但丝毫也没有改变游泳时力量的基本特征。

④参与活动的各肌群间协调用力。发展游泳运动员的肌肉力量可通过以下两种途径：一是通过增加负荷重量提高其肌肉力量；二是通过提高用力时各肌群间的协调性来提高肌肉力量。

⑤年龄及生长发育特点。仍处于发育期的青少年，其力量训练受年龄和生长发育规律的影响较大，因此，在练习中不宜过早安排专项力量和重力量训练，力量训练的比重也不宜过大。根据青少年的生理特点，力量快速增长期在13～17岁。生长发育上的差异也影响着力量训练的安排，形态好、体质弱、身体素质相对差一些的学生，力量训练比例要大一些，教师可通过力量训练来提高其专项能力。

⑥兴奋性集中程度。机体兴奋性集中程度会影响参与工作肌纤维的数量。游泳的重力量训练就是最大限度地提高肌肉收缩效果和肌肉最大力量的方式。

（2）练习因素

练习因素是指在力量训练中施加肌肉收缩负荷的条件。在游泳力量训练中练习因素影响力量训练的效果，以及力量转换为游泳牵引力的转换率。

游泳力量训练练习因素主要包括力量类型、负重量、重复次数、动作方式、动作速度、力量训练组织形式等。

力量类型。力量类型的划分是根据负重量、持续时间和力量性质来确定的。按负重量和持续时间分类，力量类型有最大力量、力量耐力，爆发力三类；按力量性质分类有一般力量和专项力量两类。目前力量训练的分类依据已延伸到以能量代谢为依据。肌肉在不同负荷下工作时表现的力量与肌肉代谢密切相关，从能量代谢角度进行力量分类并安排力量训练是游泳力量训练的新途径。

负重量。负重量是力量训练的强度，以极限力量负荷（一次最大限度地负重量）为100%来确定各类力量训练的负重量百分比。极限力量负荷值受力量练习动作方式的影响，不同动作方式的阻力臂长短不同，表现的机械功率也就大相径庭，如游泳极限拉力值与极限举重值就有很大的差别。因此，在确定负重量百分比时要考虑动作方式。专家对游泳运动项目的研究结果表明，游泳运动员用60%～70%的负荷，重复10～13次的力量练习组合效果最佳，并强调专项力量训练中，负重量的增加应以不影响技术动作质量为前提。在水上力量训练中，负重量的增减是通过调节水中阻力来实现的，如改变划水掌、脚蹼大小，改变阻力衣、牵引仪等的阻力系数，降低或增加动作难度等。

重复次数。在力量训练中，重复次数和负重量的关系就是数量和强度的关系，一定的强度对应一定的重复次数。游泳拉力力量训练的重复次数，以往主要考虑其与拉力负荷的比例关系，而现在游泳训练理论认为，与专项力量训练结合的拉力练习，应符合专项运动项目能量代谢的特征。因此，重复次数要与专项项目分段距离的动作次数结合。同样，力量练习组数也应以发展专项力量为目的来进行设计。

动作方式。动作方式是指在力量训练中完成练习的动作姿势，游泳力量训练的动作方式设计要从两个方面考虑：一是针对游泳主要肌群来选择和设计力量练习动作；二是针对游泳专项力量性质来选择和设计力量练习动作。一般的力量训练，其动作方式可根据游泳运动的特点而选择屈、伸、外展等动作，以此来完成各类力量训练负荷。专项力量训练则要选择符合要求的游泳动作，进行对专项力量极其有用、与游泳动作相似的练习，如持哑铃或负重做移臂动作练习时，要求完成练习的动作要接近技术实质，在拉力类力量训练和水中力量训练中尽可能直接采用比赛完整动作。

动作监督。动作速度的快慢反映了力量训练中对动作频率的要求。动作速度受重量的影响，在负荷重量不变的情况下，单个动作的时间会影响对力量训练类型的选择。快速动作力量训练可提高训练者爆发力和快速力量，而慢动作和静力力量训练，则可以提高绝对力量和力量耐力。以比赛动作频率控制力量训练，也成为游泳专项力量训练的新的手段。单个动作速度还影响肌肉力量发展的性质，在不增长肌肉重量的前提下提高力量，每个动作 1.5 秒～2.5 秒；增长肌肉重量的同时提高力量，每个动作 4 秒～6 秒；发展专项力量动作速度应与比赛动作速度相一致。

力量训练组织形式。力量训练组织形式是力量训练过程中练习顺序安排和采用的练习形式的统称。组织形式在力量训练中虽不是构成影响因素的主要内容，但对力量训练效果却有一定的影响。设计好力量练习的组织形式，可以保证力量训练的安全，激发学生练习热情。游泳力量训练的组织形式主要有单人，分组，循环练习三种，练习形式主要有组合力量练习、固定任务法，比赛法和游戏法三种。

3. 一般力量训练的方法

一般力量训练主要包括陆上各种举重练习，以此提高游泳运动员的一般力量水平。一般力量训练应围绕游泳运动特点，发展符合专项运动要求、有助于专项力量训练水平提高的肌肉力量。游泳一般力量训练要在动作方式、重量、重复次数及组数等训练因素的选择上，着眼于游泳技术动作和各环节技术动作对力量的要求。游泳常用的一般力量训练方法有哑铃练习、杠铃练习、徒手力量练习、实心球练习等，这些统称为负重练习法。

（1）负重练习法

哑铃练习。

练习方法：哑铃练习是发展小肌群力量的一种有效练习方法，尤其对年龄较小运动员，负重训练采用轻哑铃器械，有助于全面发展游泳的专项力量。例如，两手持铃侧平举，发展三角肌力量；两手持铃仰卧平举，发展胸部肌群力量；两手持铃侧卧平举，发展背部肌群力量；还可以结合游泳技术进行训练，发展专项力量。

练习负荷：哑铃练习的负荷应根据个人力量水平来确定，一般以每次练习不少于 8～10 次，每次 3～6 组为宜。

杠铃练习。

练习方法：杠铃练习针对发展游泳专项工作肌群来设计和选用练习姿势和练习方法。在游泳力量训练中常采用的杠铃练习方法主要包括提铃下蹲、俯卧提铃、卧推、屈前臂、体后提铃、手腕屈伸、负重下蹲等。

练习负荷：练习负荷要根据力量训练的目的、任务和要求进行安排并组合，使练习负荷的作用方向同力量训练的目标一致，才能保证力量负荷的定向化、专项化和个体化。

徒手力量练习。

徒手力量练习可以利用自身体重发展力量，其特点是练习方便，对场地器材要求不高。它可以利用人体环节运动的半径变化，调控阻力臂，改变力量训练的负重量，也可附加器械重量以提高力量训练负荷。徒手力量练习主要包括上肢类力量练习、下肢类力量练习和腰腹肌类力量练习；上肢类力量练习，如俯卧撑、引体向上等；下肢类力量练习，如各种跳跃、跑步等；腰腹肌类力量练习，如仰卧起坐、悬垂举腿、背屈等。

实心球练习。

实心球练习在美国、日本、澳大利亚和欧洲的部分国家较为盛行。游泳运动员通过各种传、抛、推球等动作的练习，发展全身肌肉力量和动作速度，同时增强反应能力，使肌肉更适合游泳运动，而且还能提高发展力量所需的控制身体的能力。

实心球练习方法可分为以下两类：一类为基本练习，由一般性的传、抛和推球动作组成；另一类为结合游泳专项动作而设计的一些传、抛、推球练习。

（2）联合力量训练器力量练习

联合力量训练器力量练习是指利用联合力量器的各种力量训练功能，提高运动员符合游泳专项特点的力量素质，从而全面提高游泳运动员的力量训练水平。

能够自我选择功能和调节重量是联合力量训练器的最大特点。游泳运动员在联合力量训练器上的练习可分两种：一种是单一动作练习，可有选择、有针对性地提高某一局部力量水平；另一种是成套动作练习，可根据训练要求，将不同功能、不同身体部位的力量训练有机组合和编排，按其顺序进行重复练习。

4. 力量训练注意事项

力量训练前，要充分做好准备活动，力量训练要与发展柔韧性练习结合。

一般力量训练在不同的训练阶段，要针对训练对象和训练任务合理安排不同的训练内容、手段和比重。

一般力量训练既要注意发展游泳专项动作的运动大肌群，又要重视小肌群的力量训练，力求使练习动作符合专项动作肌肉收缩的特征。

一般力量训练要注意动作的准确性和动作的幅度。在力量训练中要做到紧张和放松相结合。力量发展要以不增加肌肉体积为前提（50 米游泳运动员除外）。

（二）速度训练

游泳速度训练包括动作速度训练、身体位移速度训练和反应速度训练。

1. 游泳速度的特点

游泳速度的特点是由游泳比赛结构决定的。

（1）动作速度

动作速度包括出发速度和转身动作速度。研究证明，游泳比赛的距离越短，出发速度对成绩的影响越大。而转身动作速度则相反，比赛距离越长，它对成绩的影响越大。动作速度的最大特点是身体环节运动，动作速度取决于动作的角速度。动作速度快的基本要求是反应快、动作熟练。

（2）游进速度

途中游进速度是由划距和划频决定的，其中划距（划水效果）影响相对较大。在近十几年中，世界优秀游泳运动员的划频变化不大，因此，提高划水效果成了运动员提高运动成绩的主要路径。

（3）速度

保证游泳比赛结构各环节速度的过渡转换的连贯性，如出发后水下滑行与途中游的衔接、游近池壁与转身动作的衔接、蹬壁滑行与途中游的衔接等是提高运动成绩的重要手段。衔接速度特点是动作流畅，速度平稳，不出现停顿。游泳要有很强的速度感和动作转换技巧。

2. 影响游泳速度训练效果的主要因素

（1）肌纤维类型的百分比组成

肌纤维百分比大，肌肉收缩速度快。速度训练能使肌肉纤维百分比结构发生适应性变化。

（2）神经系统的灵活性（兴奋、抑制的转换速度）和协调性（各肌群紧张放松的有机结合）

（3）专项身体训练水平

影响游泳速度的主要因素是专项力量训练水平，其次是柔韧性和协调性。

（4）技术动作的熟练程度

动作熟练程度与动作自动化程度有关，动作越熟练，自动化程度越高，完成动作的速度就越快。

（5）运动员所处的训练状态

速度训练要在运动员精力充沛，较为兴奋的状态下进行效果才最佳。因为在这种状态下运动员神经灵活性高，神经传导快，并得到体能的保证易发挥出速度潜力。相反，在疲劳状态下，在情绪低落、体力不足或技术动作不熟练、动作僵硬不连贯的情况下，运动员不宜进行速度训练。

（6）年龄及生长发育的特点

女子发展速度的敏感期是 11～12 岁，男子是 13～17 岁。在速度敏感期，人体的神经系统发育趋于完善，可塑性强，这个时候的速度练习有利于改善和提高其神经系统的灵活性和协调性，随着力量素质发展敏感期的到来，肌肉发育成熟，速度的提高途径变为依靠肌肉力量的增加、技术动作的正确和熟练，以及技术效率的提高。

（7）练习结构因素

练习方式：采用专项手段和比赛动作练习。针对比赛速度结构，采用分解或完整的方法发展各环节的速度。结合技术动作进行速度练习是发展速度、提高技术的有效保障。动作频率是影响游泳速度的重要因素之一，针对练习要求设计各种速度练习的动作频率方案，有利于改善运动员的速度能力。

练习强度：速度练习要达到较高的绝对强度。练习强度一般采用极限强度，如 100%～110%、90%～95% 强度。

练习距离：速度训练能完善磷酸原供能系统，因此，速度练习距离的长短成为提高速度练习效果的重要因素。发展绝对速度距离为 10 米～15 米（包括出发），发展速度能力距离为 25 米～50 米（包括出发或蹬边），一次训练课的总量不宜超过 500 米。

间歇时间与性质：保持速度练习效果是其基本要求。因此，每次练习后要利用间歇时间来恢复身体，间歇时间的比值为 1：2 或 1：3.

重复次数：重复次数和组数以能保持工作能力为前提，一般为 3～6 次，重复 2～3 组。

3. 游泳速度训练方法

游泳速度训练往往与游泳技术训练紧密结合在一起，游进速度的训练是游泳速度的训练重点。

（1）短冲训练

短冲训练主要能发展人的无氧代谢能力，是以磷酸原供能系统为主的训练。短冲距离，距边 10 米～25 米，出发 15 米～25 米，重复 4～6 组。间歇 1 分～1 分 30 秒，以发展游泳的绝对速度为目的。发展绝对速度还可采用快速打腿、划臂训练，快速的技术分解练习，强化了局部动作的快速力量和动作速度，是快速游泳的保证。

（2）牵引训练

牵引训练属于非传统的训练方法，高校里学习游泳的学生在附加外力（牵力）或导游装置诱导下，能最大限度地提高动作速度，使游进速度得到突破，达到预定的目标，获得新的速度感。牵引训练要认真研究和设计牵引力的力量与导游的速度，保证训练者发挥最高速度。牵引训练的距离不超过 50 米，重复次数上限为 10 次。练习速度应控制在比本人最高速度快 10%～20% 的范围，太快，人会失去游进的速度感，会产生一种被拖着游的感觉。

（3）动作频率训练

在保持动作效果的前提下，动作频率的快慢就决定了速度的快慢。因此，动作频率训练是游泳速度训练的重要手段。

动作频率训练要强调不能影响划水效果，否则动作频率训练便失去了意义。

动作频率训练常采用两种方法，即最佳频率训练和频率节奏训练。

最佳频率训练。动作频率不是越快越好，过快的动作频率必然以降低划水效果为代价，这反而会使速度下降。动作频率训练的中心任务应该是不断地摸索、寻找每名训练者比赛中最佳的动作频率。在速度训练中，教师必须计算并处理好划频、划距、速度三者的关系，以三者最佳组合为最佳频率训练的核心。

频率节奏训练。合理的动作频率节奏，对体力分配、保持速度起重要作用。例如，我国优秀蝶泳运动员钱红，在训练中经常进行 100 米四个分段的频率练习，每 25 米频率分别为 5 秒、2.5 秒、3.5 秒，4.5 秒。

4. 动作速度训练

出发起跳和转身技术动作是体现游泳动作速度的两个方面。游泳动作速度训练与技术水平提高训练紧密联系在一起。

（1）出发动作速度训练

反应速度和起跳的动作速度决定了出发动作的快慢，出发动作快不能脱离出发效果这个前提，因此，游泳出发技术评定通常将听到出发信号后游至 10 米或 15 米处的时间作为评定指标。出发速度训练的主要方法有听不同信号做出发反应、出发起跳滑行、完整出发技术练习等。

（2）转身动作速度训练

转身动作速度训练主要包括游近池壁、转身、蹬壁滑行三部分。裁判以转身前 7.5 米至转身后 7.5 米，共 15 米的时间为评价转身技术质量的指标。转身速度训练采用专门转身动作训练和综合转身动作训练，前者是专门练习转身技术动作的速度，如距离池壁 10 米处练习转身，通过反复练习以提高转身动作速度；后者是指在 25 米池中的游泳训练，转身多，并且需要在游进过程中做出正确的转身动作的判断，以提高转身速度和质量。

（3）速度训练注意事项

发展速度是提高训练者神经系统灵活性的过程。神经系统灵活性越高，训练者发展速度的可能性就越大。

速度练习安排在训练课的准备活动后进行效果较好，但也可根据需要，安排在训练课的结束部分进行。

发展速度还应与培养反应能力结合进行，培养训练者反应能力是游泳训练过程中不可忽视的一个方面。

训练者放松肌肉能力的获得，对于其提高动作速率意义很大。

（三）一般耐力训练

一般耐力属于有氧训练，是游泳运动员需要具备的素质之一。最有效地利用已有的机能潜力是发展一般耐力的核心，其效果取决于有氧能力水平、输氧系统工作效率、利用素质程度、技术动作效果、呼吸效率及肌肉协调能力的水平。高水平的游泳运动员在游中、长距离时，吸氧水平只能达到理论值的50%～60%，限制了其游泳技术和游进速度。由此可见，运动成绩的提高对训练的运动员来说，不依赖于最大耗氧量的提高，运动能力的提高可解释为乳酸阈水平的提高。因此，扩大有氧训练范围、提高有氧速度成为游泳训练的新观点。有氧代谢系统是供能效率比较高的能量系统，发展有氧训练水平已从提高耐力训练水平扩展到技术训练和速度训练之中。

1. 影响一般耐力训练效果的因素

首先，青少年时期是有氧训练的理想阶段，耐力水平的提升是这一时期的主要任务。少年儿童生长发育特点决定了在这一时期发展其有氧能力，对提高其心血管系统机能和呼吸系统功能十分有利，也为以后发展有氧能力和无氧能力打下了良好的基础。

其次，耐力训练是一项十分艰苦的工作，训练者的意志品质和拼搏的精神会影响耐力训练效果。因此，通过耐力训练也可以磨炼训练者的意志，提高训练者的心理素质。

2. 一般耐力训练方法

耐力训练以提高有氧供能系统效率为主要目标。游泳训练通常采用一般有氧训练，最大吸氧量训练和无氧阀训练。

（1）一般有氧训练

为提高训练者有氧基础能力，提高其一般耐力训练水平，教师通常采用持续游，变速游，慢速间歇游等训练形式。

（2）最大吸氧量训练

最大吸氧量训练归入有氧训练，是能量分类的一大突破，最大吸氧量训练是发展有氧训练最好的训练方式。

（3）无氧阀训练

该训练方法是有氧训练的主要手段。由于训练者存在有氧训练水平和身体机能上的差别，无氧阈水平不完全相同，在训练实践中，教师主要以个体乳酸阈水平控制训练强度。无氧阀训练心率水平在 140～180 次 / 分钟，以间歇训练方法为主。

3. 一般耐力训练注意事项

发展一般耐力的训练要与培养训练者的意志品质相结合。

青少年训练者一般耐力发展水平应与其生长发育水平相适应。

在发展不同专项训练者一般耐力时，必须区别对待。

三、高校游泳专项体能训练

（一）专项力量训练

游泳训练者的专项力量训练可分为陆上力量训练和水上力量训练两大类。

1. 陆上专项力量训练

陆上专项力量训练常采用橡皮筋拉力、滑轮拉力、等动拉力、弹簧杠杆拉力等训练方法，其动作与游泳运动四种姿势的划水动作紧密结合，身体姿势可采用直坐，立，卧三种姿势。陆上拉力力量训练主要发展训练者专项的最大力量、快速力量和力量耐力。

最大力量拉力训练提高了肌肉收缩的刺激强度，增加了肌肉纤维的聚集率，动员了更多的肌纤维参与工作，是 50 米～100 米短距离游泳主要力量训练内容，同时对强化动作正确性也极其有利。由于最大力量拉力训练的牵引力较大，所以在拉力练习过程中必须固定好身体位置和姿势，除在克服身体体重的滑轮板练习时身体可平卧滑板上外，其他拉力练习都应采用站立或坐的身体姿势。

（1）快速力量拉力训练

快速力量拉力训练强调动作速度。拉力负荷为自己体重的 10% 左右（优秀运动员约拉 10 公斤左右），动作速度（动作频率）要接近或稍快于比赛动作频率，仰泳 10 个动作 4 秒～6 秒，蝶泳、蛙泳 5 个动作 4 秒～6 秒。每次拉的次数与动作次数基本一致，50 米 20～25 次，100 米 45～50 次。除采用动作次数控制之外，也可采用时间控制，如在规定的时间内拉多少次。时间的选择一般在 30 秒～2 分钟之内。每组间歇时间稍长，使训练者得到较好的恢复，一般重复 3～4 组。

（2）最大力量托力负荷训练

优秀训练者能拉自己体重的 15%～20%，女子约 13 公斤，男子约 18 公斤。短距离、中距离项目训练者一组 20～30 次，长距离项目训练者要坚持拉 1 分钟。

这种最大力量拉力训练能有效地提高训练者肌肉力量和肌肉力量耐力，提高训练者100米和200米的运动成绩，但最大力量拉力训练对少年儿童不宜采用。

（3）力量耐力拉力训练

力量耐力拉力训练以持续时间长或动作次数多为评价指标，负荷量为4～8公斤，一般要求每次拉100～300次或持续拉5分钟～20分钟。长时间多次的拉力训练要强调动作正确规范，保持动作幅度，且动作放松。

为了使陆上拉力训练尽量接近专项运动的供能特征，拉力训练同样可采用水上训练的一些方法，如变速、重复、间歇、游戏，比赛等，使陆上力量训练更加符合游泳训练要求，提高陆上专项力量训练效果。

在以动力性拉力力量训练为主的前提下，也可适当采用静力力量训练。静力力量训练能有效地强化动作，增加动作控制肌群的神经冲动，提高刺激强度。静力动作和时间决定了静力力量训练的效果。

游泳静力训练的动作的选择要从以下两个方面进行考虑：第一，以游泳推进力的典型动作、关键动作为主，如抱水动作、屈臂高肘动作；第二，发展原动肌或弱肌，采用多种角度的静力练习。静力练习时间一般控制在5秒～30秒不等，负重以静力时间为依据进行调节。静力练习负重较重，时间可短一些，约3秒～15秒；负重较轻，时间则可长一些，重复3～6组。静力练习要与肌肉牵拉动力性放松活动相结合，这样有利于保持（提高）肌肉弹性。

陆上力量训练要注意静力性力量练习和动力性力量练习的交替与结合，这一点非常重要。

2. 水上专项力量训练

水上专项力量能直接增大游泳推进力（牵引力）。训练者在游进过程或做具体的游泳动作中，克服人为增加的阻力，是水上专项力量训练的最大特点。水上力量训练的优越性主要体现在以下三个方面：第一，在具体的专项技术动作（主要指产生推进力的手，腿动作）练习中，直接（划水掌）或间接地（阻力衣）施加阻力负荷，增强力量训练效果，使产生的牵引力加大；第二，在专项运动中（完整配合或分解动作），发展力量有利于改善专项肌肉力量的供能系统，提高供能速率；第三，增加动作负荷，强化技术动作，有利于游泳运动技术水平的提高。

根据力量负荷形式，可将水上专项力量训练分为增大阻力练习、增大推进力练习和增加练习难度练习三种。

（1）增大阻力练习

增大阻力练习主要是通过增加游进阻力或改变体位使划水和打腿负荷增大，达到力量训练的效果，如牵拉游、穿阻力衣、夹板划臂、垂直打腿（徒手、负重）等。游进阻力的大小、动作速度的快慢、持续时间的长短、动作幅度的大小都影响力量训练的负荷。增大阻力练习主要通过提高动作速度来发展训练者的速度力量，而保持划水效果是其基本要求。

（2）增大推进力练习

增大推进力练习主要是通过增大划臂或打水动作的对水面积来增大阻力，以提高划水力量。增大推进力练习主要有划水掌、脚蹼等力量训练手段，划水掌和脚蹼的大小、动作速度、动作幅度、游泳速度及持续时间构成了力量训练负荷的主要影响因素。增大推进力练习主要发展划臂、打腿的绝对力量，以提高克服阻力的动作速度。增大推进力的力量训练负荷要以不破坏技术动作为基本前提，否则力量训练的效果将适得其反。此类型的练习过多，容易对训练者的动作速度和水感造成影响。

（3）增加练习难度练习

这种练习方法要求水上力量训练同水上训练方法结合起来，使发展肌肉力量和发展专项供能系统同步进行，以提高训练效果；水上专项力量训练强调的力量训练过程也是技术改进和提高的过程，水上力量训练要针对游泳比赛活动各环节所需力量的特点来发展力量素质，如出发时的起跳、转身时的蹬壁等下肢的爆发力，以及转身技术的动作速度（快速力量）等。

（二）专项耐力训练

专项耐力是一种维持高速度运动的能力。专项耐力主要依靠糖酵解供能，其中反映这一供能系统的主要生化指标是乳酸浓度指标。根据距离远近的不同，专项耐力供能特征会有所区别或偏重。进行游泳速度耐力训练时，应有区别地针对不同速度耐力的供能特征，选择训练手段与方法，发展训练者游泳专项（主项）的速度耐力。

1. 游泳专项耐力训练的特征

游泳专项耐力水平是肌肉力量耐力水平的表现，决定每次划水效果的保持能力，是一种保持速度的能力。一般后程速度的保持，主要是以加快动作频率来实现。专项耐力指数 = 平均速度 / 绝对速度。绝对速度是一种有标准距离的速度，100 米的标准距离为 25 米，200 米的标准距离为 50 米，400 米的标准距离为 100 米。

2. 影响游泳专项耐力训练效果的因素

（1）力量训练水平

力量训练水平对保持高速度极为重要，与合理技术的有效结合，能使运动效率更高、更经济。

（2）负荷的作用方向

专项耐力涉及两个以上的供能系统，因此，其训练要比绝对速度和一般耐力训练复杂得多。另外，发展专项耐力负荷强度对机体有较高要求。负荷强度对机体生理影响较大且持久，容易引起过度疲劳，对训练技术要求高。

（3）乳酸峰值和乳酸忍受水平

糖酵解供能是专项耐力肌肉工作的主要供能途径，凡制约糖酵解能力的因素，都影响专项耐力水平的发展与提高。

（4）年龄与生长发育

青少年早期训练宜选择一般耐力训练和速度训练，着重发展有氧运动能力和绝对速度，随着年龄的增长，生长发育逐渐成熟，应逐步增加其速度的训练，提高训练糖酵解供能能力的练习比重。此类型练习的训练量一般控制在总训练量的 20%～30%。

3. 发展游泳专项耐力的方法

发展游泳专项耐力的方法主要有专项耐力训练、乳酸峰值训练和耐乳酸训练三种。

（1）专项耐力训练

专项耐力训练是以刺激无氧糖酵解供能系统来提高糖酵解供能能力和供能效率，属乳酸负荷训练。训练负荷强度、数量、重复次数、间歇时间、组数、距离等练习因素的合理选择和安排是很重要的，它们将直接影响训练效果及负荷作用方向。总负荷高、心率和血乳酸达到最高水平是专项耐力训练的最大特点。

（2）乳酸峰值训练

乳酸峰值训练是指以提高训练者最大乳酸水平和乳酸最高水平速度的一种训练方法。游泳训练者产生最高乳酸的距离为 100 米～200 米，如果从重复数次的乳酸积累效应上分析，训练距离可扩大到 50 米～200 米，强度应达到 95% 以上，心率达到本人的最大心率。强度水平若低于这些指标，则难以获得乳酸峰值训练的效果。乳酸峰值训练对训练者机体的刺激强烈，也存在较大的潜在危险性（导致过度训练），每增加 100 米的无氧训练量，都会使训练者付出极大的生理代价，从而增加了训练控制的难度。

（3）耐乳酸训练

耐乳酸训练是最艰苦的负荷训练。耐乳酸训练使训练者在一次负荷中乳酸达到较高水平，并保持一定时间（重复次数），以提高训练者机体耐受高乳酸性，达到最高水平刺激的能力。重复次数、组数与间歇时间是耐乳酸训练的核心。在耐乳酸训练中，教师应以学生的个体乳酸水平为准，负荷水平应控制在高于最大吸氧量训练的乳酸值水平。一次课程运动下来的耐乳酸训练量不应超过 2 000 米。训练的分段距离通常为 100 米～200 米，强度水平应在 90% 以上，心率达本人心率水平的最大值。

（三）专项柔韧性和关节灵活性训练

柔韧性和关节灵活性对游泳训练者有着特殊的意义，不仅会影响训练者完成动作的幅度，还影响着其完成动作的效果。因此，发展训练者专项柔韧性和关节灵活性是游泳训练的重要组成部分。

1. 游泳专项柔韧性特征

肩关节柔韧性和灵活性影响游泳手臂动作质量，踝关节跖屈和脚掌外翻的程度，直接影响腿部动作效果。由此可见，游泳的专项柔韧性会影响动作的幅度与动作的效果，也就是会影响游进的速度。游泳专项柔韧素质的发挥受动作完成程度的影响，如打腿动作，应从大腿开始发力，鞭状打水，鞭状打水动作最大特点就是要求各关节动作放松，产生力的传导、加速，使末端脚掌产生最大的加速度，并形成良好的对水动作面（保持鞭状运动动作幅度），这就对踝关节柔韧性和灵活性提出了更高的要求。

2. 影响游泳专项柔韧训练效果的因素

（1）年龄因素

柔韧性发展效果与年龄呈反比关系，从小注意发展柔韧性水平，对成人后的运动十分重要。柔韧性发展水平与力量水平呈不确定的反比关系，一般认为少年儿童在 10～14 岁是发展柔韧性的最佳时机。

（2）机体因素

关节肌肉、韧带、肌腱的伸展范围和弹性，肌肉活动中的收缩与放松的协调能力。

（3）时间间隔

柔韧性练习隔天一次最为理想，间隔时间长会使柔韧性水平下降。

（4）肌肉中微纤维的增多会对柔韧性水平造成一定影响

肌肉中微纤维主要是因大负荷、高强度练习使部分肌纤维损伤而产生的。消除肌肉中微纤维的最好的办法是深度按摩。

（5）温度对柔韧性影响较大

肌肉在适宜的温度下容易处于放松的状态，此时肌肉的弹性较好，关节韧带的伸展程度和关节囊的润滑都会有所提升。在此基础上增强柔韧性，不但效果好，而且不易受伤。温度过低则肌肉会处于紧张状态，关节僵硬，既不能发挥柔韧性水平，也不能进行柔韧性训练。根据柔韧性的基本特征，柔韧性可分为一般柔韧性，专项柔韧性和主动柔韧性，被动柔韧性四种。

一般柔韧性，即不考虑专项特点的情况下的身体屈、伸、弯曲和转体，可以提高各关节的灵活性。

专项柔韧性，即反映为比赛动作特点和要求的关节灵活性及肌肉韧带的伸展程度。

主动柔韧性指本人肌肉用力完成动作的幅度。

被动柔韧性指依靠外力作用完成动作的幅度，被动大于主动。

3. 增强柔韧性和提高关节灵活性的方法与手段

在完成动作的过程中，动作幅度达到个人的极限程度，肌肉和韧带尽可能拉长到最大限度（未造成损伤），是增强柔韧性的方法。

柔韧性练习有两种，即静力性拉长和动力性拉长。静力性拉长指相对静止地拉长肌肉、韧带的方法，动力性拉长指在活动中拉长肌肉、韧带的方法。

发展柔韧性练习的方法可分为两种，即主动练习法与被动练习法。主动练习法是训练者自己进行练习的一种方法，被动练习法是训练者在同伴帮助下进行的一种练习方法。

以上的练习形式和方法，可运用在各种柔韧性练习中，根据练习要求，既可单独运用，也可组合运用，如主动与被动相结合，能较大地提高练习质量和训练效果。

关节灵活性与关节柔韧性是紧密联系的，但二者之间不能相互替代，关节柔韧性虽然增加了关节活动幅度，但不能解决关节灵活性的问题。关节的灵活性不仅取决于髋关节肌群韧带的伸展程度，还取决于关节活动时工作肌群的协调性，以及关节活动的频率，即关节活动频率高。游泳运动对关节灵活性的要求是全身性的，但就运动特点而言，对肩、踝、膝、腰关节的灵活性要求更高。

发展游泳训练者的关节灵活性要与发展其关节柔韧性相结合，充分利用关节柔韧性的优势，增加关节活动范围，提高关节活动的灵巧性。关节灵活性练习主要包括关节转动、旋转、摆动、绕环等动作，而游泳专项关节灵活性练习应着重发展肩、膝、踝、脊柱和髋关节的灵活性。通过改变练习因素，如速度、频率、幅度、方向等手段，提高关节活动的强度和频率。

4．柔韧性和关节灵活性的训练注意事项

在进行关节灵活性训练前训练者应做好准备工作，并将准备工作与发展关节柔韧性的练习相结合。关节灵活性练习的关键是在练习时关节要充分放松，在强调关节活动幅度的前提下，提高关节活动的速度和变换关节活动的方向。训练时要遵循循序渐进原则，逐步提高要求，避免运动损伤的发生。

参考文献

[1] 施小花 . 当代高校体育教育理论与发展探究 [M]. 长春：吉林人民出版社，2021.

[2] 鹿道叶 . 高校体育教学设计与实践研究 [M]. 西安：西安交通大学出版社，2022.

[3] 张鹏 . 高校体育文化教育与运动研究 [M]. 长春：吉林科学技术出版社，2020.

[4] 梁慧，宁军 . 现代高校体育运动理论与项目实践研究 [M]. 延吉：延边大学出版社，2018.

[5] 李晶，杨旭，高宣 . 现代高校体育运动项目理论与实践 [M]. 北京：原子能出版社，2016.

[6] 刘成维 . 高校体育教学创新与运动训练发展研究 [M]. 延吉：延边大学出版社，2023.

[7] 曾理，曾洪林，李治 . 高校体能训练理论与训练教学指南 [M]. 北京：新华出版社，2018.

[8] 何文革，高旭东 . 专项训练发展分析与理论研究 [M]. 石家庄：河北人民出版社，2018.

[9] 喻俊华，杨玉根，叶红 . 高校球类体能训练与健身实践探究 [M]. 上海：上海交通大学出版社，2017.

[10] 李鸿江 . 学校体能教程 [M]. 北京：北京体育大学出版社，2003.

[11] 闫文，曹晓静 . “运动教育”模式在高校体育教学的创新研究 [J]. 吉林广播电视大学学报，2023（1）：127−129.

[12] 张继贵 . 我国高校体育教学管理的困境及解决措施 [J]. 黑龙江工业学院学报（综合版），2022，22（9）：148−152.

[13] 王晟 . 功能性体能训练在高校体育教学中的运用 [J]. 冰雪体育创新研究，2022（16）：65−68.

[14] 冯伦 . 新时代高校体育教学方法创新研究 [J]. 冰雪体育创新研究，2022(13)：105−108.

[15] 李林 . 高校体育运动与体能训练的整合调控 [J]. 体育风尚，2023（8）：86-88.
[16] 付成君，张典英 . 体能导向的大学体育教学模式研究 [J]. 绵阳师范学院学报，2021，40（11）：129-134.
[17] 刘江涛 . 影响高校运动训练有效性的因素分析与应对策略 [J]. 青少年体育，2021（10）：57-58.
[18] 尚广杰 . 高校体育训练的现状及改进策略 [J]. 拳击与格斗，2021（9）：92-93.
[19] 唐艳青 . 高校体育教学模式创新路径研究 [J]. 现代交际，2021（17）：176-178.
[20] 李越 . 体能训练在高校体育课中的作用分析 [J]. 课程教育研究，2015（23）：192.
[21] 赵伟 . 我国高校体育专业引入运动教育模式的理论研究 [D]. 南宁：广西师范学院，2016.
[22] 郎奇 . 高校体育教学“运动项目游戏化”研究 [D]. 长春：吉林体育学院，2012.
[23] 柴武龙 . 运动处方教学模式在高校体育教学中的实践与研究 [D]. 北京：北京体育大学，2010.
[24] 曲萌 . 高校高水平女子排球运动员专项体能训练方法效果分析研究 [D]. 济南：山东师范大学，2022.
[25] 董文琪 . 核心力量训练在我国体育院系篮球专项学生体能训练中的应用 [D]. 西安：陕西师范大学，2015.
[26] 贺新家 . 基于学科核心素养的大学体育课程设计研究 [D]. 武汉：武汉体育学院，2021.
[27] 李雪峰 . 加强大学生基础体能教学的对策研究 [D]. 南京：南京师范大学，2008.
[28] 马金宁 . 功能性力量训练对游泳运动员专项素质的影响 [D]. 福州：福建师范大学，2020.
[29] 刘嘉 . 山西高校体育院系游泳教学现状调查及对策研究 [D]. 太原：山西大学，2012.
[30] 王娟 . 普通高校体育教学改革的理论与实践研究 [D]. 武汉：武汉体育学院，2012.